MARTIN HEIDEGGER

GESAMTAUSGABE

III. ABTEILUNG:
UNVERÖFFENTLICHTE ABHANDLUNGEN
VORTRÄGE – GEDACHTES

BAND 79
BREMER UND FREIBURGER VORTRÄGE

VITTORIO KLOSTERMANN
FRANKFURT AM MAIN

MARTIN HEIDEGGER

BREMER UND FREIBURGER VORTRÄGE

1. EINBLICK IN DAS WAS IST
BREMER VORTRÄGE 1949

2. GRUNDSÄTZE DES DENKENS
FREIBURGER VORTRÄGE 1957

VITTORIO KLOSTERMANN
FRANKFURT AM MAIN

Vorträge 1949 und 1957
herausgegeben von Petra Jaeger

2., durchgesehene Auflage 2005
© Vittorio Klostermann GmbH · Frankfurt am Main · 1994

Druck: Hanf Buch- und Mediendruck, Pfungstadt
Gedruckt auf alterungsbeständigem Papier ⊗ ISO 9706 · Printed in Germany
ISBN 3-465-03424-4 kt · ISBN 3-465-03425-2 Ln

INHALT

EINBLICK IN DAS WAS IST

Bremer Vorträge 1949

Der Hinweis

Alle Entfernungen in der Zeit und im Raum schrumpfen ein. Wohin der Mensch vormals Wochen und Monate lang unterwegs war, dahin gelangt er jetzt durch die Flugmaschine über Nacht. Wovon der Mensch früher erst nach Jahren oder überhaupt nie eine Kenntnis bekam, das erfährt er heute durch den Rundfunk stündlich im Nu. Das Keimen und Gedeihen der Gewächse, das die Jahreszeiten hindurch verborgen blieb, führt der Film jetzt öffentlich in einer Minute vor. Entfernte Stätten ältester Kulturen zeigt der Film, als stünden sie eben jetzt im heutigen Straßenverkehr. Der Film bezeugt überdies sein Gezeigtes noch dadurch, daß er zugleich den aufnehmenden Apparat und den ihn bedienenden Menschen bei solcher Arbeit vorführt. Den Gipfel aller Beseitigung aller Entfernung erreicht die Fernsehapparatur, die bald das ganze Gestänge und Geschiebe des Verkehrs durchjagen und beherrschen wird.

Der Mensch legt die längsten Strecken in der kürzesten Zeit zurück. Er bringt die größten Entfernungen hinter sich und bringt so alles auf die kleinste Entfernung vor sich.

Allein, das hastige Beseitigen aller Entfernungen bringt keine Nähe; denn Nähe besteht nicht im geringen Maß der Entfernung. Was streckenmäßig in der geringsten Entfernung zu uns steht, durch das Bild im Film, durch den Ton im Funk, kann uns fern bleiben. Was streckenmäßig unübersehbar weit entfernt ist, kann uns nahe sein. Kleine Entfernung ist nicht schon Nähe. Große Entfernung ist noch nicht Ferne.

Was ist die Nähe, wenn sie trotz der Verringerung der längsten Strecke auf die kürzesten Abstände ausbleibt? Was ist die Nähe, wenn sie durch das rastlose Beseitigen der Entfernungen sogar abgewehrt wird? Was ist die Nähe, wenn mit ihrem Ausbleiben auch die Ferne wegbleibt?

Was geht da vor sich, wenn durch das Beseitigen der großen Entfernungen alles gleich fern und nahe steht? Was ist dieses Gleichförmige, worin alles weder fern noch nahe, gleichsam ohne Abstand, ist?

Alles wird in das gleichförmig Abstandlose zusammengeschwemmt. Wie? Ist das Zusammenrücken in das Abstandlose nicht noch unheimlicher als ein Auseinanderplatzen von allem? Der Mensch starrt auf das, was mit der Explosion der Atombombe kommen könnte. Der Mensch sieht nicht, was lang schon angekommen *ist* und zwar geschehen *ist* als das, was die Atombombe und deren Explosion nur noch als seinen letzten Auswurf aus sich hinauswirft, um von der einen Wasserstoffbombe zu schweigen, deren Initialzündung, in der weitesten Möglichkeit gedacht, genügen könnte, um alles Leben auf der Erde auszulöschen. Worauf wartet diese ratlose Angst noch, wenn das Entsetzliche schon geschehen *ist*?

Das Entsetzende ist Jenes, das alles, was ist, aus seinem vormaligen Wesen heraussetzt. Was ist dieses Entsetzende? Es zeigt und verbirgt sich in der Weise, wie alles anwest, daß nämlich trotz allem Überwinden der Entfernungen die Nähe dessen, was ist, ausbleibt.

Das Ding

Wie steht es mit der Nähe? Wie können wir ihr Wesen erfahren? Nähe läßt sich, so scheint es, nicht unmittelbar vorfinden. Dies gelingt eher so, daß wir dem nachgehen, was in der Nähe ist. In der Nähe ist uns solches, was wir Dinge zu nennen pflegen. Doch was ist ein Ding? Wie lange schon hat der Mensch die Dinge betrachtet und befragt, wie vielfältig hat er sie benutzt und wohl auch vernutzt. Wie eindringlich hat er aus solchen Absichten die Dinge auch erklärt, d. h. auf ihre Ursachen zurückgeführt? Der Mensch verfährt so mit den Dingen seit langem und verfährt so noch immer, ohne doch hierbei jemals das Ding *als Ding* zu bedenken.

Der Mensch hat bisher das Ding als Ding so wenig bedacht wie die Nähe. Ein Ding ist der Krug. Was ist der Krug? Wir sagen: ein Gefäß; solches, was anderes in sich faßt. Das Fassende am Krug sind Boden und Wand. Dieses Fassende ist selbst wieder faßbar am Henkel. Als Gefäß ist der Krug etwas, das in sich steht. Das Insichstehen kennzeichnet den Krug als etwas Selbstständiges. Als der Selbststand eines Selbstständigen unterscheidet sich der Krug von einem Gegenstand. Ein Selbstständiges kann Gegenstand werden, wenn wir es vor uns stellen, sei es im unmittelbaren Wahrnehmen, sei es in der erinnernden Vergegenwärtigung. Das Dinghafte des Dinges beruht jedoch weder darin, daß ein Ding zum Gegenstand eines Vorstellens wird, noch läßt sich überhaupt das Dinghafte eines Dinges von der Gegenständlichkeit des Gegenstandes aus bestimmen, auch dann nicht, wenn wir das Gegenstehen des Gegenstandes nicht bloß auf die Rechnung unseres Vorstellens nehmen, sondern das Gegenstehen dem Gegenstand selber überlassen als seine Sache.

Der Krug bleibt Gefäß, ob wir ihn vorstellen oder nicht. Als

Gefäß steht der Krug in sich. Doch was heißt das, das Fassende stehe in sich? Bestimmt das Insichstehen des Gefäßes den Krug schon als ein Ding? Der Krug steht als Gefäß doch nur, insofern er zu einem Stehen gebracht wurde. Dies geschah freilich, und es geschieht durch ein Stellen, nämlich durch das Herstellen. Der Töpfer verfertigt den irdenen Krug aus der eigens dafür ausgewählten und zubereiteten Erde. Aus ihr besteht der Krug. Durch das, woraus er besteht, kann er auch auf der Erde stehen, sei es unmittelbar, sei es mittelbar durch Tisch und Bank. Was durch solches Herstellen besteht, ist das Insichstehende. Nehmen wir den Krug als hergestelltes Gefäß, dann fassen wir ihn doch, so scheint es, als ein Ding und keinesfalls als bloßen Gegenstand.

Oder nehmen wir auch jetzt den Krug immer noch als einen Gegenstand? Allerdings. Zwar gilt er nicht mehr nur als Gegenstand des bloßen Vorstellens, dafür aber ist er Gegenstand, den ein Herstellen zu und her, uns gegenüber und entgegen stellt. Das Insichstehen schien den Krug als Ding zu kennzeichnen. In Wahrheit denken wir jedoch das Insichstehen vom Herstellen aus. Das Insichstehen ist das, worauf das Herstellen es absieht. Das Insichstehen ist so noch und ist trotz allem immer noch von der Gegenständlichkeit her gedacht, wenngleich das Gegenstehen des Hergestellten nicht mehr im bloßen Vorstellen gründet. Doch von der Gegenständlichkeit des Gegenstandes und des Selbststandes führt kein Weg zum Dinghaften des Dinges.

Was ist das Dingliche am Ding? Was ist das Ding an sich? Wir gelangen erst dann zum Ding an sich, wenn unser Denken zuvor erst einmal das Ding als Ding erlangt hat.

Der Krug ist ein Ding als Gefäß. Zwar bedarf dieses Fassende einer Herstellung. Aber die Hergestelltheit durch den Töpfer macht keineswegs dasjenige aus, was dem Krug eignet, insofern er als Krug ist. Der Krug ist nicht Gefäß, weil er hergestellt wurde, sondern der Krug mußte hergestellt werden, weil er dieses Gefäß ist.

Die Herstellung läßt freilich den Krug in sein Eigenes eingehen. Allein, dieses Eigene des Krugwesens wird niemals durch die Herstellung verfertigt. Losgelöst aus der Verfertigung hat der Krug sich darein versammelt, zu fassen. Beim Vorgang des Herstellens muß der Krug allerdings zuvor sein Aussehen für den Hersteller zeigen. Aber dieses Sichzeigende, das Aussehen (das εἶδος, die ἰδέα), kennzeichnet den Krug lediglich nach der Hinsicht, in der das Gefäß als Herzustellendes dem Herstellen entgegensteht.

Was jedoch das so aussehende Gefäß als Krug, was und wie der Krug als dieses Krugding ist, läßt sich durch die Hinsicht auf das Aussehen, die ἰδέα, niemals erfahren, geschweige denn sachgemäß denken. Darum hat Plato, der die Anwesenheit des Anwesenden vom Aussehen her vorstellt, das Wesen des Dinges so wenig gedacht wie Aristoteles und alle nachkommenden Denker. Plato hat vielmehr, und zwar maßgebend für die Folgezeit, alles Anwesende als Gegenstand des Herstellers erfahren; wir sagen statt Gegenstand genauer: Herstand. Im vollen Wesen des Her-Standes waltet ein zwiefaches Her-Stehen; einmal das Her-Stehen im Sinne des Herstammens aus . . ., sei dies ein Sichhervorbringen oder ein Hergestelltwerden; zum andern das Her-Stehen im Sinne des Hereinstehens des Hervorgebrachten in die Unverborgenheit des schon Anwesenden.

Alles Vorstellen des Anwesenden im Sinne des Herständigen und des Gegenständigen gelangt jedoch nie zum Ding als Ding. Das Dinghafte des Kruges beruht darin, daß er als Gefäß ist. Wir gewahren das Fassende des Gefäßes, wenn wir den Krug füllen. Boden und Wandung des Kruges übernehmen offenbar das Fassen. Doch gemach! Gießen wir, wenn wir den Krug mit Wein füllen, den Wein in die Wandung und in den Boden? Wir gießen den Wein höchstens zwischen die Wandung auf den Boden. Wandung und Boden sind wohl das Undurchlässige am Gefäß. Allein, das Undurchlässige ist noch nicht das Fassende. Wenn wir den Krug vollgießen, fließt der Guß beim Füllen in den leeren Krug. Die Leere ist das Fassende des Gefäßes. Die

Leere, dieses Nichts am Krug, ist das, was der Krug als das fassende Gefäß ist.

Allein, der Krug besteht doch aus Wand und Boden. Durch das, woraus der Krug besteht, steht er. Was wäre ein Krug, der nicht stünde? Zum mindesten ein mißratener Krug; also immer noch Krug, nämlich ein solcher, der zwar faßte, jedoch als ständig umfallender das Gefäß auslaufen ließe. Doch auslaufen kann nur ein Gefäß.

Wand und Boden, woraus der Krug besteht und wodurch er steht, sind nicht das eigentlich Fassende. Wenn dies aber in der Leere des Kruges beruht, dann verfertigt der Töpfer, der auf der Drehscheibe Wand und Boden bildet, nicht eigentlich den Krug. Er gestaltet nur den Ton. Nein – er gestaltet die Leere. Für sie, in sie und aus ihr bildet er den Ton ins Gebild. Der Töpfer faßt zuerst und stets das Unfaßliche der Leere und stellt sie als das Fassende in die Gestalt des Gefäßes her. Die Leere des Kruges bestimmt jeden Griff des Herstellens. Das Dinghafte des Gefäßes beruht keineswegs im Stoff, daraus es besteht, sondern in der Leere, die faßt.

Allein, ist der Krug wirklich leer?

Die physikalische Wissenschaft versichert uns, der Krug sei mit Luft angefüllt und mit alldem, was das Gemisch der Luft ausmacht. Wir ließen uns durch eine halbpoetische Betrachtungsweise täuschen, als wir uns auf die Leere des Kruges beriefen.

Sobald wir uns jedoch herbeilassen, den wirklichen Krug wissenschaftlich auf seine Wirklichkeit hin zu untersuchen, zeigt sich ein anderer Sachverhalt. Wenn wir den Wein in den Krug gießen, wird lediglich die Luft, die den Krug schon füllt, verdrängt und durch eine Flüssigkeit ersetzt. Den Krug füllen, heißt, wissenschaftlich gesehen, eine Füllung gegen eine andere auswechseln.

Diese Angaben der Physik sind richtig. Die Wissenschaft stellt durch sie etwas Wirkliches vor, wonach sie sich objektiv richtet. Aber – ist dieses Wirkliche der Krug? Nein. Die Wissenschaft trifft immer nur auf das, was ihre Art des Vorstellens im vorhinein als den für sie möglichen Gegenstand zugelassen hat.

Man sagt, das Wissen der Wissenschaft sei zwingend. Gewiß. Doch worin besteht ihr Zwingendes? Für unseren Fall in dem Zwang, den mit Wein gefüllten Krug preiszugeben und an seine Stelle einen Hohlraum zu setzen, in dem sich Flüssigkeit ausbreitet. Die Wissenschaft macht das Krug-Ding zu etwas Nichtigem, insofern sie Dinge nicht als das Maßgebende zuläßt.

Das in seinem Bezirk, dem der Gegenstände, zwingende Wissen der Wissenschaft hat die Dinge als Dinge schon vernichtet, längst bevor die Atombombe explodierte. Deren Explosion ist nur die gröbste aller groben Bestätigungen der langher schon geschehenen Vernichtung des Dinges: dessen, daß das Ding als Ding nichtig bleibt. Die Vernichtung ist deshalb so unheimlich, weil sie eine zwiefache Verblendung vor sich her trägt. Einmal die Meinung, daß die Wissenschaft allem übrigen Erfahren voraus das Wirkliche in seiner Wirklichkeit treffe. Zum andern den Anschein, als ob, unbeschadet der wissenschaftlichen Erforschung des Wirklichen, die Dinge gleichwohl Dinge sein könnten, was voraussetzt, daß sie überhaupt je schon wesende Dinge waren. Hätten aber die Dinge sich je schon als Dinge gezeigt, dann wäre die Dingheit des Dinges offenbar geworden. Sie hätte das Denken in den Anspruch genommen. In Wahrheit bleibt jedoch das Ding als Ding verwehrt, nichtig und in solchem Sinne vernichtet. Dies geschah und geschieht so wesentlich, daß die Dinge nicht nur nicht mehr als Dinge zugelassen sind, sondern daß die Dinge überhaupt noch nie als Dinge zu erscheinen vermochten.

Worauf beruht das Nichterscheinen des Dinges als Ding? Hat lediglich der Mensch es versäumt, das Ding als Ding vorzustellen? Der Mensch kann nur das versäumen, was ihm bereits zugewiesen ist. Vorstellen kann der Mensch, gleichviel in welcher Weise, nur solches, was erst zuvor von sich her sich gelichtet und in seinem dabei mitgebrachten Licht sich ihm gezeigt hat.

Was ist nun aber das Ding als Ding, daß sein Wesen noch nie zu erscheinen vermochte?

Kam das Ding noch nie genug in die Nähe, so daß der Mensch noch nicht hinreichend auf das Ding als Ding achten lernte? Was ist Nähe? Dies frugen wir schon. Wir befrugen, um es zu erfahren, den Krug in der Nähe.

Worin beruht das Krughafte des Kruges? Wir haben es plötzlich aus dem Blick verloren und zwar in dem Augenblick, da sich der Anschein vordrängte, die Wissenschaft könne uns über die Wirklichkeit des wirklichen Kruges einen Aufschluß geben.

Wir stellten das Wirkende des Gefäßes, sein Fassendes, die Leere, als einen mit Luft gefüllten Hohlraum vor. Das ist die Leere wirklich, physikalisch gedacht; aber es ist nicht die Leere des Kruges. Wir ließen die Leere des Kruges nicht seine Leere sein. Wir achteten dessen nicht, was am Gefäß das Fassende ist. Wir bedachten nicht, wie das Fassen selber west. Darum mußte uns auch das entgehen, was der Krug faßt. Der Wein wurde für das wissenschaftliche Vorstellen zur bloßen Flüssigkeit, zu einem allgemein möglichen Aggregatzustand der Stoffe. Wir unterließen es, dem nachzudenken, was der Krug faßt und wie er faßt.

Wie faßt die Leere des Kruges? Sie faßt, indem sie, was eingegossen wird, nimmt. Sie faßt, indem sie das Aufgenommene behält. Die Leere faßt in zwiefacher Weise: nehmend und behaltend. Das Wort »fassen« ist darum zweideutig. Das Nehmen von Einguß und das Einbehalten des Gusses gehören jedoch zusammen. Ihre Einheit aber wird vom Ausgießen her bestimmt, worauf der Krug als Krug abgestimmt ist. Das zwiefache Fassen der Leere beruht so im Ausgießen. Als dieses ist das Fassen eigentlich, wie es ist. Ausgießen aus dem Krug ist Schenken. Im Schenken des Gusses west das Fassen des Gefäßes. Das Fassen bedarf der Leere als des Fassenden. Das Wesen der fassenden Leere ist in das Schenken versammelt. Schenken aber ist reicher als das bloße Ausschenken. Das Schenken, worin der Krug Krug ist, versammelt in sich das zwiefache Fassen und zwar in das Ausgießen. Wir nennen die Versammlung der Berge das Gebirge. Wir nennen die Versammlung des zwiefachen Fassens in das Ausgießen, die als Zusammen erst das volle Wesen des Schenkens ausmacht: das Geschenk. Das Krughafte des Kruges west im Geschenk des Gusses. Auch der leere Krug behält sein Wesen aus dem Geschenk, wenngleich ein leerer Krug ein Ausschenken nicht zuläßt. Aber dieses Nichtzulassen eignet dem Krug und nur dem Krug. Eine Sense dagegen oder ein Hammer sind unvermögend zu einem Nichtzulassen dieses Schenkens.

Das Geschenk des Gusses kann ein Trunk sein. Es gibt Wasser, es gibt Wein zu trinken.[a]

Im Wasser des Geschenkes weilt die Quelle. In der Quelle weilt das Gestein und aller dunkle Schlummer der Erde, die Regen und Tau des Himmels empfängt. Im Wasser der Quelle weilt die Hochzeit von Himmel und Erde. Sie weilt im Wein, den die Frucht der Rebe gibt, die das Nährende der Erde und die Sonne des Himmels einander zugetraut hat. Im Geschenk von Wasser, im Geschenk von Wein weilen jeweils Himmel und Erde. Das Geschenk des Gusses aber ist das Krughafte des Kruges. Im Wesen des Kruges weilen Erde und Himmel.

Das Geschenk des Gusses ist der Trunk für die Sterblichen. Er labt ihren Durst. Er erquickt ihre Muße. Er erheitert ihre Geselligkeit. Aber das Geschenk des Kruges wird bisweilen auch zur Weihe geschenkt. Ist der Guß zur Weihe, dann stillt er nicht

[a] Nachtrag zu Manuskriptseite 9:
Wie faßt die Leere des Kruges? Sie nimmt das Eingegossene auf, um es für das Ausgießen zu verwahren. Die Leere nimmt und gibt den Guß solchen Gießens. Der Guß und seine Art prägt die Leere des Kruges. Der Guß bestimmt das Krughafte des Kruges. Das Eigentliche des Gusses ist jedoch das Ausgießen. Es bringt den Guß entweder in ein anderes, das Trinkgefäß, oder der Guß kann im Ausgießen des Kruges unmittelbar getrunken werden. Der Guß des Kruges ist Trunk. Jeder Trunk aus dem Krug ist Guß. Aber nicht jeder Guß des Kruges ist Trunk. Das gilt gerade vom eigentlichen Guß, der im Ausgießen zwar verschwendet, aber nicht getrunken wird.

Auch der leere Krug bleibt vom Guß her und auf diesen zu bestimmt. Der Guß kann ein Trunk sein, insofern er ein Guß Wasser oder Wein ist.

einen Durst. Er stillt die Feier des Festes ins Hohe. Jetzt wird das Geschenk des Gusses weder in einer Schenke geschenkt, noch ist das Geschenk ein Trunk für die Sterblichen. Der Guß ist der den unsterblichen Göttern gespendete Trank. Das Geschenk des Gusses als Trank ist das eigentliche Geschenk. Im Schenken des geweihten Trankes west der gießende Krug als das schenkende Geschenk. Der geweihte Trank ist das, was das Wort »Guß« eigentlich nennt: Spende und Opfer. »Guß«, »gießen« lautet griechisch: χέειν, indogermanisch: ghu. Das bedeutet: opfern. Gießen ist, wo es wesentlich vollbracht, zureichend gedacht und echt gesagt wird: spenden, opfern und deshalb schenken. Darum allein kann das Gießen, sobald sein Wesen verkümmert, zum bloßen Ein- und Ausschenken werden, bis es schließlich im gewöhnlichen Ausschank verwest. Gießen ist nicht das bloße Ein- und Ausschütten.

Im Geschenk des Gusses, der ein Trunk ist, weilen nach ihrer Weise die Sterblichen. Im Geschenk des Gusses, der ein Trank ist, weilen nach ihrer Weise die Göttlichen, die das Geschenk des Schenkens als das Geschenk der Spende zurückempfangen. Im Geschenk des Gusses weilen je verschieden die Sterblichen und die Göttlichen. Im Geschenk des Gusses weilen Erde und Himmel. Im Geschenk des Gusses weilen zumal Erde und Himmel, die Göttlichen und die Sterblichen. Diese Vier gehören, von sich her einig, zusammen. Sie sind, allen Anwesenden zuvorkommend, in ein einziges Geviert eingefaltet.

Im Geschenk des Gusses weilt die Einfalt der Vier.

Das Geschenk des Gusses ist Geschenk, insofern es Erde und Himmel, die Göttlichen und die Sterblichen verweilt. Doch Verweilen ist jetzt nicht mehr das bloße Beharren eines Vorhandenen. Verweilen ereignet. Es bringt die Vier in das Lichte ihres Eigenen. Aus dessen Einfalt sind sie einander zugetraut. In diesem Zueinander einig sind sie unverborgen. Das Geschenk des Gusses verweilt die Einfalt des Gevierts der Vier. Im Geschenk aber west der Krug als Krug. Das Geschenk versammelt, was zum Schenken gehört: das zwiefache Fassen, das Fassende,

die Leere und das Ausgießen als Spenden. Das im Geschenk
Versammelte sammelt sich selbst darin, das Geviert ereignend
zu verweilen. Dieses vielfältig einfache Versammeln ist das Wesende des Kruges. Unsere Sprache nennt, was Versammlung ist,
in einem alten Wort. Dies lautet: thing. Das Wesen des Kruges
ist als die reine schenkende Versammlung des einfältigen Gevierts in eine Weile. Der Krug west als Ding. Der Krug ist der
Krug als ein Ding. Wie aber west das Ding? Das Ding dingt. Das
Dingen versammelt. Es sammelt, das Geviert ereignend, dessen
Weile in ein je Weiliges: in dieses, in jenes Ding.

Wir geben dem so erfahrenen und gedachten Wesen des Kruges den Namen Ding. Wir denken diesen Namen aus der Sache
des Dinges, aus dem Dingen als dem versammelnd-ereignenden Verweilen des Gevierts. Wir erinnern jedoch dabei zugleich
an das althochdeutsche Wort thing. Dieser sprachgeschichtliche
Hinweis verführt leicht dazu, die Art, wie wir jetzt das Wesen
des Dinges denken, mißzuverstehen. Es könnte so aussehen, als
werde das jetzt gemeinte Wesen des Dinges aus der zufällig
aufgegriffenen Wortbedeutung des althochdeutschen Namens
thing gleichsam herausgedröselt. Der Verdacht regt sich, die
jetzt versuchte Erfahrung des Wesens des Dinges sei auf die
Willkür einer etymologischen Spielerei gegründet. Die Meinung verfestigt sich und wird schon landläufig, hier werde, statt
die Sache zu bedenken, lediglich das Wörterbuch benützt.

Doch das Gegenteil solcher Befürchtungen ist der Fall. Wohl
bedeutet das althochdeutsche Wort thing die Versammlung und
zwar die Versammlung zur Verhandlung einer in Rede stehenden Angelegenheit, eines Streitfalles. Demzufolge werden die
alten deutschen Wörter thing und dinc zu den Namen für Angelegenheit; sie nennen jegliches, was den Menschen in irgendeiner Weise angeht, was demgemäß in Rede steht. Das in Rede
Stehende nennen die Römer res; ῥέειν, ῥῆμα heißt griechisch:
über etwas reden, darüber verhandeln; res publica heißt nicht:
der Staat, sondern das, was jeden im Volk offenkundig angeht
und darum öffentlich verhandelt wird.

Nur deshalb, weil res das Angehende bedeutet, kann es zu den Wortverbindungen res adversae, res secundae kommen; jenes ist das, was den Menschen in widriger Weise angeht; dieses, was den Menschen günstig begleitet. Die Wörterbücher jedoch übersetzen res adversae mit Unglück, res secundae mit Glück; von dem, was die Wörter, als gedachte gesprochen, sagen, sagen die Wörterbücher nichts. In Wahrheit steht es darum hier und in den übrigen Fällen nicht so, daß unser Denken von der Etymologie lebt, sondern daß die Etymologie samt den Wörterbüchern noch zu wenig denkt.

Das römische Wort res nennt das, was den Menschen angeht, die Angelegenheit, den Streitfall, den Fall. Dafür gebrauchen die Römer auch das Wort causa. Das heißt eigentlich und zuerst keineswegs »Ursache«; causa meint den Fall und deshalb auch solches, was der Fall ist, daß sich etwas begibt und fällig wird. Nur weil causa, fast gleichbedeutend mit res, den Fall bedeutet, kann in der Folge das Wort causa zur Bedeutung von Ursache gelangen, im Sinne der Kausalität einer Wirkung. Das altdeutsche Wort thing und dinc ist mit seiner Bedeutung von Versammlung, nämlich zur Verhandlung einer Angelegenheit, wie kein anderes dazu geeignet, das römische Wort res, das Angehende, sachgemäß zu übersetzen. Aus demjenigen Wort der römischen Sprache aber, das innerhalb ihrer dem Wort res[b] entspricht, aus dem Wort causa in der Bedeutung von Fall und Angelegenheit, wird das romanische la cosa und das französische la chose; wir sagen: das Ding. Im Englischen hat thing noch die erfüllte Nennkraft des römischen Wortes res bewahrt: he knows his things, er versteht sich auf seine »Sachen«, auf das,

was ihn angeht; he knows how to handle things, er weiß, wie man mit Sachen umgehen muß, d. h. mit dem, worum es sich von Fall zu Fall handelt; that's a great thing: das ist eine große (feine, gewaltige, herrliche) Sache, d. h. ein aus sich kommendes den Menschen Angehendes.

[b] am ehesten

Allein, das Entscheidende ist nun keineswegs die hier kurz erwähnte Bedeutungsgeschichte der Wörter: von res, Ding, causa, cosa und chose, thing, sondern etwas ganz anderes und bisher überhaupt noch nicht Bedachtes. Das römische Wort res nennt das, was den Menschen in irgendeiner Weise angeht. Das Angehende ist das reale der res. Die realitas der res wird römisch erfahren als der Angang. Aber: die Römer haben ihr so Erfahrenes niemals eigens in seinem Wesen gedacht. Vielmehr wird die römische realitas der res aus der Übernahme der spätgriechischen Philosophie im Sinne des griechischen ὄν vorgestellt; ὄν, lateinisch ens, bedeutet das Anwesende im Sinne des Herstandes. Die res wird zum ens, zum Anwesenden im Sinne des Her- und Vorgestellten. Die eigentümliche realitas der ursprünglich römisch erfahrenen res, der Angang, bleibt als Wesen des Anwesenden verschüttet. Umgekehrt dient der Name res in der Folgezeit, insbesondere im Mittelalter, zur Bezeichnung jedes ens qua ens, d. h. jedes irgendwie Anwesenden, auch wenn es nur im Vorstellen hersteht und anwest wie das ens rationis. Das Gleiche wie mit dem Wort res geschieht mit dem der res entsprechenden Namen dinc; denn dinc heißt jegliches, was irgendwie ist. Demgemäß gebraucht der Meister Eckhart das Wort dinc sowohl für Gott als auch für die Seele. Gott ist ihm das »hoehste und oberste dinc«.[1] Die Seele ist ein »grôz dinc«.[2] Damit will dieser Meister des Denkens keineswegs sagen, Gott und die Seele seien dergleichen wie ein Felsblock, ein stofflicher Gegenstand; dinc ist hier der vorsichtige und enthaltsame Name für etwas, das überhaupt ist. So sagt der Meister Eckhart nach einem Wort des Dionysius Areopagita [Hg.: vermutlich Augustinus gemeint]: die minne ist der natur, daz si den menschen wandelt in die dink, die er minnet.[3]

---

[1] Meister Eckhart, Predigt LI. In: Deutsche Mystiker des vierzehnten Jahrhunderts. Herausgegeben von Franz Pfeiffer. Band II, Meister Eckhart. Leipzig 1857. S. 169.
[2] a. a. O., Predigt XLII, S. 141.
[3] Vgl. sinngem. a. a. O., Predigt LXIII, S. 199, und Predigt XX, S. 86.

Weil das Wort Ding im Sprachgebrauch der abendländischen Metaphysik das nennt, was überhaupt und irgendwie etwas ist, deshalb ändert sich die Bedeutung des Namens »Ding« entsprechend der Auslegung dessen, was ist, d. h. des Seienden. Kant spricht in der gleichen Weise wie der Meister Eckhart von den Dingen und meint mit diesem Namen etwas, das ist. Aber für Kant wird das, was ist, zum Gegenstand des Vorstellens, das im Selbstbewußtsein des menschlichen Ich abläuft. Das Ding an sich bedeutet für Kant: der Gegenstand an sich. Der Charakter des »Ansich« besagt für Kant, daß der Gegenstand an sich Gegenstand ist ohne die Beziehung auf das menschliche Vorstellen, d. h. ohne das »Gegen«, wodurch er für dieses Vorstellen allererst steht. »Ding an sich« bedeutet, streng kantisch gedacht, einen Gegenstand, der keiner ist, weil er stehen soll ohne ein mögliches Gegen- für das menschliche Vorstellen, das ihm entgegnet.

Weder die längst vernutzte allgemeine Bedeutung des in der Philosophie gebrauchten Namens »Ding«, noch die althochdeutsche Bedeutung des Wortes »thing« helfen uns aber das Geringste in der Notlage, das sachliche Wesen dessen zu erfahren und hinreichend zu denken, was wir jetzt vom Wesen des Kruges sagen. Wohl dagegen trifft zu, daß ein Bedeutungsmoment aus dem alten Sprachgebrauch des Wortes thing, nämlich »versammeln«, auf das zuvor gedachte Wesen des Kruges anspricht.

Der Krug ist ein Ding, weder im Sinne der römisch gemeinten res, noch im Sinne des mittelalterlich vorgestellten ens, noch gar im Sinne des neuzeitlich vorgestellten Gegenstandes. Der Krug ist ein Ding nicht als Gegenstand, sei dieser ein solcher des Herstellens oder des bloßen Vorstellens. Der Krug ist Ding, insofern er dingt. Aus dem Dingen des Dinges ereignet sich und bestimmt sich auch erst das Anwesen des Anwesenden von der Art des Kruges.

Heute ist alles Anwesende gleich nah und gleich fern. Das Abstandlose herrscht. Alles Verkürzen und Beseitigen der Ent-

fernungen bringt jedoch keine Nähe. Was ist die Nähe? Um das
Wesen der Nähe zu finden, bedachten wir den Krug in der Nähe.
Wir suchten das Wesen der Nähe und fanden das Wesen des
Kruges als Ding. Aber in diesem Fund gewahren wir zugleich
das Wesen der Nähe. Das Ding dingt. Dingend verweilt es Erde
und Himmel, die Göttlichen und die Sterblichen. Verweilend
bringt das Ding die Vier in ihren Fernen einander nahe. Dieses
Nahebringen ist das Nähern. Nähern ist das Wesen der Nähe.
Nähe nähert das Ferne und zwar als das Ferne. Nähe wahrt die
Ferne. Ferne wahrend west die Nähe in ihrem Nähern. Solcher-
maßen nähernd, verbirgt die Nähe sich selber und bleibt nach
ihrer Weise am nächsten.

Das Ding ist nicht »in« der Nähe, als sei diese ein Behälter.
Nähe waltet im Nähern als das Dingen des Dinges.

Dingend verweilt das Ding die einigen Vier, Erde und Himmel, die Göttlichen und die Sterblichen in der Einfalt ihres aus
sich her einigen Gevierts.

Die Erde ist die bauend Tragende, die nähernd Fruchtende,
hegend Gewässer und Gestein, Gewächs und Getier.

Sagen wir Erde, dann denken wir schon, falls wir denken, die
anderen Drei mit aus der Einfalt des Gevierts.

Der Himmel ist der Sonnengang, der Mondlauf, der Glanz
der Gestirne, die Zeiten des Jahres, Licht und Dämmer des
Tages, Dunkel und Helle der Nacht, die Gunst und das Unwirt-
liche der Wetter, Wolkenzug und blauende Tiefe des Äthers.

Sagen wir Himmel, dann denken wir schon, falls wir denken,
die anderen Drei mit aus der Einfalt der Vier.

Die Göttlichen sind die winkenden Boten der Gottheit. Aus
dem verborgenen Walten dieser erscheint der Gott in sein Wesen, das ihn jedem Vergleich mit dem Anwesenden entzieht.

Nennen wir die Göttlichen, dann denken wir, falls wir denken, die anderen Drei mit aus der Einfalt der Vier.

Die Sterblichen sind die Menschen. Sie heißen die Sterblichen, weil sie sterben können. Sterben heißt: den Tod als Tod
vermögen. Nur der Mensch stirbt. Das Tier verendet. Es hat den

Tod als Tod weder vor sich noch hinter sich. Der Tod ist der Schrein des Nichts, dessen nämlich, was in aller Hinsicht niemals etwas bloß Seiendes ist, was aber gleichwohl west, nämlich als das Sein selbst. Der Tod, als der Schrein des Nichts, birgt in sich das Wesende des Seins. Der Tod ist als der Schrein des Nichts das Gebirg des Seins. Die Sterblichen nennen wir jetzt die Sterblichen – nicht, weil ihr irdisches Leben endet, sondern weil sie den Tod als Tod vermögen. Die Sterblichen sind, die sie sind, als die Sterblichen, wesend im Gebirg des Seins. Sie sind das wesende Verhältnis zum Sein als Sein.

Die Metaphysik dagegen stellt den Menschen als animal, als Lebewesen vor. Auch wenn die ratio die animalitas durchwaltet, bleibt das Menschsein vom Leben und Erleben her bestimmt. Aus den vernünftigen Lebewesen müssen erst die Sterblichen werden.

Sagen wir: die Sterblichen, dann denken wir, falls wir denken, die anderen Drei mit aus der Einfalt der Vier.

Erde und Himmel, die Göttlichen und die Sterblichen gehören, von sich her einig, in die Einfalt des einigen Gevierts zusammen. Jedes der Vier spiegelt in seiner Weise das Wesen der übrigen wieder. Jedes spiegelt sich dabei nach seiner Weise in sein Eigenes innerhalb der Einfalt der Vier zurück. Dieses Spiegeln ist kein Darstellen eines Abbildes. Das Spiegeln ereignet, jedes der Vier lichtend, deren eigenes Wesen in die einfältige Vereignung zueinander. Nach dieser ereignend-lichtenden Weise spiegelnd spielt sich jedes der Vier jedem der übrigen zu. Das ereignende Spiegeln gibt jedes der Vier in sein Eigenes frei, bindet aber die Freien in die Einfalt ihres wesenhaften Zueinander.

Das ins Freie bindende Spiegeln ist das Spiel, das jedes der Vier jedem zutraut aus dem faltenden Halt der Vereignung. Keines der Vier versteift sich auf sein gesondertes Besonderes. Jedes der Vier ist innerhalb ihrer Vereignung vielmehr zu einem Eigenen enteignet. Dieses enteignende Vereignen ist Spiegel-Spiel des Gevierts. Aus ihm ist die Einfalt der Vier getraut.

Wir nennen das ereignende Spiegel-Spiel der Einfalt von Erde und Himmel, Göttlichen und Sterblichen die Welt. Welt west, indem sie weltet. Dies sagt: Das Welten von Welt ist weder durch Anderes erklärbar, noch aus Anderem ergründbar. Dies Unmögliche liegt nicht daran, daß unser menschliches Denken zu solchem Erklären und Begründen unfähig ist. Vielmehr beruht das Unerklärbare und Unbegründbare des Weltens von Welt darin, daß so etwas wie Ursachen und Gründe dem Welten von Welt ungemäß bleiben. Sobald menschliches Erkennen hier ein Erklären verlangt, übersteigt es nicht etwa das Wesen von Welt, sondern es fällt unter das Wesen von Welt herab. Das menschliche Erklärenwollen langt überhaupt nicht in das Einfache der Einfalt des Weltens hin. Die einigen Vier sind in ihrem Wesen schon erstickt, wenn man sie nur als vereinzeltes Wirkliches vorstellt, das durcheinander begründet und auseinander erklärt werden soll.

Die Einheit des Gevierts ist die Vierung. Doch die Vierung macht sich keineswegs so, daß sie die Vier umfaßt und als dieses Umfassende erst nachträglich zu ihnen dazukommt. Die Vierung erschöpft sich ebensowenig darin, daß die Vier, nun einmal vorhanden, lediglich beieinander stehen.

Die Vierung west als das ereignende Spiegel-Spiel der einfältig einander Zugetrauten. Die Vierung west als das Welten von Welt. Das Spiegel-Spiel von Welt ist der Reigen des Ereignens. Deshalb umgreift der Reigen auch die Vier nicht erst wie ein Reif. Der Reigen ist der Ring, der ringt, indem er als das Spiegeln spielt. Ereignend lichtet er die Vier in den Glanz ihrer Einfalt. Erglänzend vereignet der Ring die Vier überallhin offen in das Rätsel ihres Wesens. Das gesammelte Wesen des also ringenden Spiegel-Spiels der Welt ist das Gering. Im Gering des spiegelnd-spielenden Rings schmiegen sich die Vier in ihr einiges und dennoch je eigenes Wesen. Also schmiegsam fügen sie fügsam weltend die Welt.

Schmiegsam, schmiedbar, geschmeidig, fügsam, leicht heißt in unserer alten deutschen Sprache »ring« und »gering«. Das

Spiegel-Spiel der weltenden Welt entringt als das Gering des Ringes die einigen Vier in das eigene Fügsame, das Ringe ihres Wesens. Aus dem Spiegel-Spiel des Gerings des Ringen ereignet sich das Dingen des Dinges.

Das Ding verweilt das Geviert. Das Ding dingt Welt. Jedes Ding verweilt das Geviert in ein je Weiliges von Einfalt der Welt.

Wenn wir das Ding in seinem Dingen aus der weltenden Welt wesen lassen, denken wir an das Ding als das Ding. Dergestalt andenkend lassen wir uns vom weltenden Wesen des Dinges angehen. So denkend sind wir vom Ding als dem Ding betroffen. Wir sind die im strengen Sinne des Wortes Be-Dingten. Wir haben die Anmaßung alles Unbedingten hinter uns gelassen.

Denken wir das Ding als Ding, dann schonen wir das Wesen des Dinges in den Bereich, aus dem es west. Dingen ist Nähern von Welt. Nähern ist das Wesen der Nähe. Insofern wir das Ding als das Ding schonen, bewohnen wir die Nähe. Das Nähern der Nähe ist die eigentliche und die einzige Dimension des Spiegel-Spiels der Welt.

Das Ausbleiben der Nähe bei allem Beseitigen der Entfernungen hat das Abstandlose zur Herrschaft gebracht. Im Ausbleiben der Nähe bleibt das Ding in dem gesagten Sinne als Ding vernichtet. Wann aber und wie sind Dinge als Dinge? So fragen wir inmitten der Herrschaft des Abstandlosen.

Wann und wie kommen Dinge als Dinge? Sie kommen nicht durch die Machenschaften des Menschen. Sie kommen aber auch nicht ohne die Wachsamkeit der Sterblichen. Der erste Schritt zu solcher Wachsamkeit ist der Schritt zurück aus dem nur vorstellenden, d. h. erklärenden Denken in das andenkende Denken.

Der Schritt zurück von einem Denken in das andere ist freilich kein bloßer Wechsel der Einstellung. Dergleichen kann er schon deshalb nie sein, weil alle Einstellungen samt den Weisen ihres Wechselns in den Bezirk des vorstellenden Denkens verhaftet bleiben. Der Schritt zurück verläßt dagegen überhaupt den Bezirk des bloßen Sicheinstellens. Der Schritt zurück nimmt seinen Aufenthalt in einem Entsprechen, das, im Weltwesen von diesem angesprochen, innerhalb seiner ihm antwortet. Für die Ankunft des Dinges als Ding vermag ein bloßer Wechsel der Einstellung nichts, wie denn überhaupt all das, was jetzt als Gegenstand im Abstandlosen steht, sich niemals zu Dingen lediglich umstellen läßt. Nie auch kommen Dinge als Dinge dadurch, daß wir vor den Gegenständen nur ausweichen und vormalige alte Gegenstände er-innern, die vielleicht einmal unterwegs waren, Dinge zu werden und gar als Dinge anzuwesen.

Was Ding wird, ereignet sich aus dem Gering des Spiegel-Spiels der Welt. Erst wenn, jäh vermutlich, Welt als Welt weltet, erglänzt der Ring, dem sich das Gering von Erde und Himmel, Göttlichen und Sterblichen in das Ringe seiner Einfalt entringt.

Diesem Geringen gemäß ist das Dingen selbst gering und das je weilige Ding ring, unscheinbar fügsam seinem Wesen. Ring ist das Ding: der Krug und die Bank, der Steg und der Pflug. Ding ist aber auch nach seiner Weise der Baum und der Teich, der Bach und der Berg. Dinge sind, je weilig in ihrer Weise dingend, Reiher und Reh, Pferd und Stier. Dinge sind, je weilig nach ihrer Weise dingend, Spiegel und Spange, Buch und Bild, Krone und Kreuz.

Ring und gering aber sind die Dinge auch in der Zahl, gemessen an der Unzahl der überall gleich giltigen Gegenstände, gemessen am Unmaß des Massenhaften des Menschen als eines Lebewesens.

Erst die Menschen als die Sterblichen erwohnen Welt als Welt. Nur was aus Welt gering, wird einmal Ding.

Anhang

Zum Ding-Vortrag (für Zusammenhang)

Bei Ding und Welt auf den Unter-Schied verweisen. Vgl. Reisner-Brief.[1]

Von diesem Unter-schied auf die Differenz zurück. Von dieser auf die *Vergessenheit* des Seyns. Wie diese zu denken? ('A-λήθεια). Bleibt auch eine *Vergessenheit* — nur gewandelt *nach* der Kehre; ereignet sich dann gar die eigentliche Verbergung und Bergung aus dem Ratsal selbst?

Das Ver-Hältnis für Welt zu Ding und Ding aus Welt; das Ver-Hältnis ereignet *im Er-Eignis.*

Ding hier zu *Welt*; *Welt* / wer-alt [ahd.]. Hinweis auf die *Differenz.* Nicht ein Wort von einer anderen Bedeutung, sondern eine andere *Sache.*

Nach-holendes Denken ist das Andenken; nach-holen — *in die Nähe holen.*

Der Unter-schied

Aus ihm als der *Fuge der Seyns* — alle Fügung der Sage — alle Strenge der Fügung.

Ding

Wie alles anwest. — Anwesen — εἶναι. Wie jegliches »ist«? Wie es mit diesem »es ist« steht?

Dingen die Dinge? Sind Dinge als Dinge? — oder sind sie nur

---

[1] Brief an Prof. Dr. Reisner vom 3. Nov. 1950 [unveröffentlicht].

als Gegenstände? Und die Gegenstände — wie stehen sie? Welches ist die Art ihres Standes und ihrer Ständigkeit? — *als Bestand?*

Die Dinge sind vergangen, weggegangen — wohin? Was an ihre Stelle — gestellt?

Die Dinge sind als lange vergangene und gleichwohl sind sie noch nie *als Dinge* gewesen.

Als Dinge — ihr Dingwesen ist noch niemals eigens ans Licht gelangt und verwahrt worden.

Das Entsetzende bekundet und verbirgt sich in der Weise, wie am Naheliegenden Nähe ausbleibt. Was heißt dies? Es heißt: *das Ding dingt nicht; das Ding west nicht an als Ding.*

Welt weltet nicht. Ding / Welt ereignet sich nicht; das Ereignis verweigert sich. Der Unter-schied bleibt vergessen; die Vergessenheit west!

Dingen ist nicht als Wesen des Dinges gelichtet und als gelichtet gewahrt. Auch Fernabliegendes west an — nur für uns vielleicht, weil Dasein. Aber nicht Weg zu ihm; ist etwas als es selbst in seinem verhüllten [?] Anwesen.

Das Naheliegende darf wohl das Anwesende in einem betonten Sinne heißen.

Am Naheliegenden bleibt Nähe aus. Am Anwesenden entzieht sich das *Anwesen*. Weil es sich entzieht und entzogen hat, treffen wir nie darauf, — wenigstens nicht bei der Art, wie wir etwas anzutreffen gewohnt sind — *im Vor-stellen.*

Naheliegend ist das, was wir die Dinge nennen. — Was ist es — ein Ding?

Das Ge-Stell

Am Beginn des Weges zeigte sich: alles Meistern der Entfernungen bringt überall keine Nähe. Mit der Nähe entfällt auch die Ferne. Alles wird in das Abstandlose eingeebnet. Jetzt sehen wir deutlicher: Nähe west, insofern das Ding dingt. Ding dingt Welt. Dingen ist Nähern, das die Welt als Welt in der Nähe hält. Im Nähern beruht das Wesen der Nähe.

Nähe ist nicht die Kürze, Ferne ist nicht die Länge der Entfernung. Ferne ist vollends nicht die Aufhebung von Nähe. Erst im Nähern der Nähe fernt die Ferne und bleibt als Ferne gewahrt. Darum hält sich, wo das Ding nicht dingt und so Nähe nicht nähert, auch die Ferne fern. Nähe und Ferne bleiben zugleich aus. Das Abstandlose herrscht.

Was man Abstand nennt, kennen wir als die Strecke zwischen zwei Punkten. Treten wir jedoch aus dem Haus unter den Baum in dessen Schatten, dann beruht der Abstand zwischen dem Haus und dem Baum davor freilich nicht in der Maßzahl der Strecke zwischen beiden. Der Abstand besteht vielmehr darin, daß und wie Haus und Baum und Schatten aus ihrem Zueinander miteinander uns angehen. Solcher Angang stimmt den Abstand (die Distanz) zwischen dem Anwesenden innerhalb des Anwesens. Solcher Angang stimmt den Abstand alles An- und Abwesenden zu uns. Das, was unter sich zu uns solchen Abstand hat, geht in diesem Abstehen uns gerade an, sei es, daß etwas uns fern liegt, sei es, daß etwas uns nahe geht. Allein, auch jenes, was uns, wie wir sagen, nichts angeht, geht uns auf seine Weise sehr an. Denn das Gleichgültige geht uns daraufhin an, daß wir ständig an ihm vorbeigehen und es liegen lassen.

Alles An- und Abwesende steht im Charakter des Anganges. Abstand beruht in Angang. Angang ruht in Nähe. Zu leicht meinen wir, Abstand bestehe, von uns aus gesehen, im Gegenüberstehen. Demgemäß scheint der Abstand erst im Gegenüber erreicht und im Gegenständigen gesichert zu sein. Aber das Gegenständige ist nur die letzte Frist und der letzte Rest des Abständigen. Wenn das Anwesende zum Gegenständigen des Vorstellens wird, richtet sich bereits, wenngleich noch unauffällig, die Herrschaft des Abstandlosen ein. Im Gegenständlichen haben wir das uns Angehende vor uns gestellt. So steht es von uns und wir von ihm weg. Doch dieses gegenständliche Vorstellen, das uns dem Anschein nach das Anwesende erst begegnen läßt, ist in seinem Wesen schon Angriff auf das uns Angehende. Im Anschein der reinen Gegenwart, den das Gegenständige, das Objektive, bietet, versteckt sich die Hab-gier des vorstellenden Berechnens. Unter das Gegenständige gehören auch die Zustände, in denen wir zu uns stehen, innerhalb derer wir uns verfolgen und zergliedern. Die Psychologie und die Herrschaft des psychologischen Erklärens enthält den Beginn der Einebnung des Seelisch-Geistigen auf das jedem jederzeit Zugängliche und so im Grunde bereits Distanzlose. Die Herrschaft des Gegenständigen sichert nicht den Abstand. In ihr lauert vielmehr bereits der Andrang des Abstandlosen. Beruht der Abstand im Angang, dann geht uns, wo das Abstandlose herrscht, alles nicht mehr eigens an. Jegliches rückt in den Grundzug des Gleich-Gültigen, mag uns auch mancherlei hie und da wie verlorenes Einsprengsel noch anliegen. Der Angang des Gleich-Gültigen ist der Fortriß in das Einerlei, das weder nah noch fern geht und steht, steht und fällt. Das Abstandlose geht den Menschen so entschieden an, daß er vom gleichförmig Distanzlosen überall gleichmäßig angegangen wird. Das Gleichmaß dieses Angangs durch das Abstandlose besteht darin, daß der so angegangene Mensch dem Abstandlosen fortgesetzt immer neu in der gleichen leeren Weise verfällt. Was ohne Abstand anwest, ist jedoch weder ohne Angang noch ohne Stand. Das Abstandlose hat vielmehr seinen eigenen Stand. Seine Ständigkeit geht um im unheimlichen Angang des überall Gleich-Giltigen. Zu diesem steht der Mensch, indem er ihm verfällt. Das Abstandlose ist niemals ohne Stand. Es steht, insofern alles Anwesende Bestand ist. Wo der Bestand in die Macht kommt, zerfällt auch noch der Gegenstand als Charakter des Anwesenden.

Der Bestand besteht. Er besteht, sofern er auf ein Bestellen gestellt ist. In das Bestellen gewendet, ist er in das Verwenden gestellt. Das Verwenden stellt jegliches im vorhinein so, daß das Gestellte dem folgt, was erfolgt. So gestellt, ist alles: in Folge von . . . Die Folge aber wird zum voraus als Erfolg bestellt. Der Erfolg ist jene Art von Folge, die selbst auf das Ergebnis weiterer Folgen abgestellt bleibt. Der Bestand besteht durch ein eigentümliches Stellen. Wir nennen es das Be-Stellen.

Was heißt »stellen?« Wir kennen das Wort aus den Wendungen: etwas vor-stellen, etwas her-stellen. Gleichwohl müssen wir bezweifeln, ob unser Denken schon der einfachen und kaum ermessenen Tragweite dieser Wendungen gewachsen ist.

Was heißt »stellen«? Denken wir es zunächst vom Her-stellen aus. Der Tischler stellt einen Tisch her, aber auch einen Sarg. Das Her-gestellte deckt sich nicht mit dem bloß Angefertigten. Das ins Her Gestellte steht im Bezirk dessen, was uns angeht. Es ist her in eine Nähe gestellt. Der Tischler im Bergdorf verfertigt nicht eine Kiste für eine Leiche. Der Sarg ist im vorhinein hin-gestellt an den bevorzugten Ort des Bauernhofes, in dem der tote Bauer noch verweilt. Der Sarg heißt dort noch der Totenbaum. In ihm gedeiht der Tod des Toten. Dies Gedeihen bestimmt Haus und Hof, die dort Wohnenden und ihre Sippe und die Nachbarschaft.

Anders ist alles in einer motorisierten Bestattungsindustrie der Großstadt. Hier wird kein Totenbaum hergestellt.

Ein Bauer stellt seinen Zugstier, um gefällte Baumstämme aus dem Wald auf den Holzweg zu schleppen. Er stellt den Zugstier nicht her, damit er irgendwo stehe. Er stellt das Gestellte so her, daß es sich hinweg wendet in eine Verwendung.

Männer und Frauen müssen sich zu einem Arbeitsdienst stellen. Sie werden bestellt. Sie werden von einem Stellen betroffen, das sie stellt, d. h. anfordert. Einer stellt den anderen. Er hält ihn an. Er stellt ihn. Er fordert von ihm Auskunft und Rechenschaft. Er fordert ihn heraus. Auf diese Bedeutung des Wortes »stellen« lassen wir uns jetzt ein, um zu erfahren, was in jenem Bestellen sich begibt, wodurch der Bestand steht und so ein Bestand ist.

Stellen sagt jetzt: herausfordern, anfordern, zum Sichstellen zwingen. Dieses Stellen geschieht als die Gestellung. Im Gestellungsbefehl richtet sie sich an den Menschen. Aber der Mensch ist innerhalb des Anwesenden im ganzen nicht das einzige Anwesende, das von der Gestellung angegangen wird.

Ein Landstrich wird gestellt, auf Kohle nämlich und Erze, die in ihm anstehen. Das Anstehen von Gestein ist vermutlich schon im Gesichtskreis eines solchen Stellens vorgestellt und auch nur aus ihm vorstellbar. Das anstehende und als solches schon auf ein Sichstellen abgeschätzte Gestein wird herausgefordert und demzufolge herausgefördert. Das Erdreich ist in ein solches Stellen einbezogen und von ihm befallen. Es ist be- -stellt, betroffen mit Gestellung. So verstehen wir jetzt und im folgenden das Wort bestellen.

Durch solches Bestellen wird das Land zu einem Kohlenrevier, der Boden zu einer Erzlagerstätte.[a] Dieses Bestellen ist schon anderer Art als jenes, wodurch vormals der Bauer seinen Acker bestellte. Das bäuerliche Tun fordert den Ackerboden nicht heraus; es gibt vielmehr die Saat den Wachstumskräften anheim; es hütet sie in ihr Gedeihen. Inzwischen ist jedoch auch die Feldbestellung in das gleiche Be-stellen übergegangen, das die Luft auf Stickstoff, den Boden auf Kohle und Erze stellt, das Erz auf Uran, das Uran auf Atomenergie, diese auf bestellbare Zerstörung. Ackerbau ist jetzt motorisierte Ernährungsindustrie, im Wesen das Selbe wie die Fabrikation von Leichen in Gaskammern und Vernichtungslagern, das Selbe wie die Blockade und Aushungerung von Ländern, das Selbe wie die Fabrikation von Wasserstoffbomben.

[a] Der Boden, Land – Heimatlose des Bestandes!

Wohin wird nun aber z. B. die im Kohlenrevier gestellte Kohle gestellt? Sie wird nicht hingestellt wie der Krug auf den Tisch. Die Kohle wird, gleichwie der Erdboden auf Kohle, ihrerseits gestellt, d. h. herausgefordert auf Hitze; diese ist schon daraufhin gestellt, Dampf zu stellen, dessen Druck das Getriebe treibt, das eine Fabrik in Betrieb hält, die daraufhin gestellt ist, Maschinen zu stellen, die Werkzeuge herstellen, durch die wiederum Maschinen in Stand gestellt und gehalten werden.

Ein Stellen fordert das andere heraus, befällt es mit Gestellung. Diese geht nicht im bloßen Nacheinander von Aktionen des Stellens vor sich. Die Gestellung geschieht ihrem Wesen nach insgeheim und im vorhinein. Nur deshalb ermöglicht die Gestellung eine von ihr benutzbare Planung und Maßnahme der einzelnen Vorhaben des besonderen Stellens. Worauf läuft nun aber die Verkettung des Bestellens zuletzt hinaus?

Das Wasserkraftwerk ist in den Strom gestellt. Es stellt ihn auf seinen Wasserdruck, der die Turbinen stellt, sich zu drehen, welche Drehung diejenige Maschine umtreibt, deren Getriebe den elektrischen Strom stellt, durch den die Überlandzentrale und ihr Stromnetz zur Strombeförderung gestellt sind.[b] Das Kraftwerk im Rheinstrom, die Stauanlage, die Turbinen, die Dynamomaschinen, die Schaltanlage, das Stromnetz – all dieses und anderes ist nur, insofern es auf der Stelle zur Stelle steht, nicht um anzuwesen,[c] sondern um gestellt zu werden und zwar einzig daraufhin, anderes zu stellen.

Nur was so be-stellt ist, daß es sich auf der Stelle zur Stelle stellt, besteht als Bestand und ist im Sinne von Bestand beständig.[d] Das Beständige besteht in der durchgängigen Bestellbarkeit innerhalb solcher Gestellung.

Wieder fragen wir: Worauf läuft die Kette solchen Bestellens zuletzt hinaus? Sie läuft auf nichts hinaus; denn das Bestellen

---

[b] Bestand

[c] in welcher Weise?

[d] das Werk gemeint in einem Sinn von bestellbarer Bestand, d. h. nicht von stetig andauern

stellt nichts her, was außerhalb des Stellens ein Anwesen für sich haben könnte und dürfte. Das Be-stellte ist immer schon und immer nur daraufhin gestellt, ein Anderes als seine Folge in den Erfolg zu stellen. Die Kette des Bestellens läuft auf nichts hinaus; sie geht vielmehr nur in ihren Kreisgang hinein. Nur in ihm hat das Bestellbare seinen Bestand. Der Rheinstrom z. B. ist nur als der Bestellte des genannten Bestellens. Das Wasserkraftwerk ist nicht in den Rheinstrom gebaut, sondern der Strom ist in das Kraftwerk verbaut und ist, was er da ist, aus dessen Wesen. Achten wir, um das Ungeheuere, das hier waltet, einigermaßen zu ermessen, nur für einen Augenblick auf den Gegensatz, der sich in den beiden Titeln ausspricht: Der Rhein, verbaut in das Kraftwerk – »der Rhein«, gesagt in das Kunstwerk der gleichnamigen Hymne Hölderlins.

Der Bestand besteht. Er besteht im Bestellen. Was ist das Bestellen in sich? Das Stellen hat den Charakter des Herausforderns. Demgemäß wird es ein Herausfördern. Dies geschieht mit der Kohle, den Erzen, dem Rohöl, mit den Strömen und Seen, mit der Luft. Man sagt, die Erde werde hinsichtlich der in ihr geborgenen Stoffe und Kräfte ausgebeutet. Die Ausbeutung aber sei das Tun und Treiben des Menschen.

Das Bestellen wäre demnach lediglich eine Machenschaft des Menschen, vollzogen in der Weise der Ausbeutung. In diesem Charakter erscheint das Bestellen des Bestandes allerdings zunächst und so lange, als wir es im Gesichtskreis des alltäglichen Meinens vorstellen. Dieser Anschein, das Bestellen sei im Wesen nur eine menschliche Machenschaft mit dem Charakter der Ausbeutung, ist sogar unvermeidlich. Dennoch[e] bleibt er ein bloßer Schein.

Das Bestellen stellt. Es fordert heraus. Das Bestellen geht jedoch, wenn wir es in seinem Wesen bedenken und nicht nach möglichen Wirkungen, keineswegs auf Beute und Gewinn, sondern immer auf Bestellbares. »Immer«, das sagt hier: im

---

[e] auf Technik als τέχνη – ἀλήθεια (᾽Α-λήθεια)

vorhinein, weil wesenhaft; das Bestellen wird nur deshalb von einem Bestellbaren zum folgenden fortgezogen, weil das Bestellen zum voraus alles Anwesende in die vollständige Bestellbarkeit hingerissen und dorthin gestellt hat, mag das Anwesende im einzelnen Fall schon besonders gestellt sein oder nicht. Diese alles überholende Gewalt des Bestellens zieht die gesonderten Akte des Bestellens nur noch hinter sich her. Diese Gewalt des Bestellens läßt vermuten, daß, was hier »Bestellen« genannt wird, kein bloß *menschliches* Tun ist, wenngleich der Mensch zum Vollzug des Bestellens gehört.

Die Frage bleibt, in welcher Weise der Mensch in das Wesen des Bestellens schon einbezogen ist. Was heißt (aber) hier: »der Mensch«? »Der Mensch« existiert nirgends. Gesetzt aber, daß Menschen die Wasserkraft des Stromes auf ihre Druckfähigkeit herausfordern und diese stellen, elektrischen Strom zu erzeugen, dann können die Menschen dies nur, insofern sie selber schon in dieses Bestellen bestellt sind. Die Menschen sind in ihrem Verhältnis zum Anwesenden schon daraufhin herausgefordert, das Anwesende im vorhinein und darum überall und so ständig als das Bestellbare des Bestellens vorzustellen. Insofern das menschliche Vorstellen bereits das Anwesende als das Bestellbare in die Rechnung des Bestellens gestellt hat, bleibt der Mensch nach seinem Wesen, ob wissentlich oder nicht, für das Bestellen des Bestellbaren in das Bestellen bestellt.

Der Mensch selbst steht jetzt[f] in solcher Gestellung. Der Mensch hat sich solcher Gestellung zu ihrem Vollzug angeboten. Er steht an, solches Bestellen zu übernehmen und zu vollziehen. Der Mensch ist darum der Angestellte des Bestellens. Deshalb werden die Menschen einzeln und massenweise dahin abgestellt. Der Mensch ist jetzt der im Bestellen aus diesem für dieses Bestellte.

Das Bestellen ist kein menschliches Gemächte; denn das menschliche Wirken, das jeweils im Bestellen mitwirkt, muß

---

[f] undeutlich — wesenhaft gedacht jetzt in der Weise des Ge-Stells

dafür schon durch dieses Bestellen auf ein entsprechendes Tun und Lassen hin bestellbar sein.

Das Bestellen befällt nicht nur die Stoffe und Kräfte der Natur mit Gestellung. Das Bestellen befällt zugleich das Geschick des Menschen. Das Wesen des Menschen wird daraufhin gestellt, das Bestellen in menschlicher Weise mitzuvollziehen. Das Bestellen betrifft Natur und Geschichte, alles, was ist, und nach allen Weisen, wie das Anwesende ist. Das Anwesende wird als solches auf die Bestellbarkeit hin gestellt und so zum voraus als das[g] Ständige vorgestellt, dessen Stand aus dem Bestellen west. Das in solcher Weise Ständige und ständig Anwesende ist der Bestand.

Darum läßt sich auch das Bestellen niemals aus irgendeinem vereinzelten Bestand erklären; es läßt sich ebensowenig aus der Summe der vorfindlichen Bestände als deren nur darüber schwebendes Allgemeines vorstellen. Das Bestellen läßt sich überhaupt nicht erklären, d. h. es läßt sich nicht auf jenes Klare zurückführen, als welches Klare wir unversehens all das ausgeben, was uns ohne weiteres und gewöhnlich bekannt ist und gemeinhin als das Fraglose gilt. Was wir aus diesem Klaren her zu erklären pflegen, wird dadurch nur dem Unbedachten und Gedankenlosen überantwortet. Wir dürfen das Bestellen, worin der Bestand west, nicht erklären wollen.[h] Wir müssen vielmehr versuchen, sein noch ungedachtes Wesen allererst zu erfahren.

Dazu ist nötig, daß wir beachten, wie das Bestellen alles, was ist, im vorhinein befällt: Natur und Geschichte, Menschliches und Göttliches; denn wenn heute eine schlechtberatene Theologie sich die Ergebnisse der modernen Atomphysik bestellt, um mit deren Hilfe ihre Gottesbeweise sicher zu stellen, dann wird dadurch Gott in den Bezirk des Bestellbaren gestellt.

Das Bestellen betrifft alles Anwesende mit Gestellung hin-

---

[g] so Gestellte und in diesem Sinne
[h] inwiefern das Erklären von der Sache wegführt

sichtlich seiner Anwesenheit[i]. Das Bestellen ist nur auf Eines gewendet, versus unum, nämlich: *das Eine Ganze* des Anwesenden als Bestand zu stellen. Das Bestellen ist in sich universal. Es versammelt in sich alle möglichen Arten des Stellens und alle Weisen ihrer Verkettung. Das Bestellen hat sich schon in sich auf die durchgängige Bestandsicherung der Bestellbarkeit *alles* Anwesenden als des Bestandes gesammelt.

Wir nennen die Versammlung der Berge, die, von sich her einig und nie nachträglich, schon gesammelt ist, das Gebirge. Wir nennen die Versammlung der Weisen, nach denen uns so und so zumute ist und sein kann, das Gemüt.

Wir nennen jetzt die von sich her gesammelte Versammlung des Stellens, worin alles Bestellbare in seinem Bestand west, *das Ge-Stell.*

Das Wort nennt jetzt nicht mehr einen vereinzelten Gegenstand von der Art eines Büchergestells oder eines Ziehbrunnens[j]. Ge-Stell nennt jetzt auch nicht irgendein Beständiges des bestellten Bestandes. Ge-Stell nennt das aus sich gesammelte universale[k] Bestellen der vollständigen Bestellbarkeit des Anwesenden im Ganzen. Der Kreisgang des Bestellens ereignet sich im Ge-Stell und als das Ge-Stell.

Im Ge-Stell wird das Anwesen alles Anwesenden zum Bestand. Das Ge-Stell zieht das Bestellbare ständig in den Kreisgang des Bestellens herein, stellt es darin fest und stellt es als das so Beständige in den Bestand ab. Dieses Abstellen stellt das Beständige nicht aus dem Kreisgang des Stellens hinaus. Es stellt nur ab, nämlich weg und hin in eine folgende Bestellbarkeit, d. h. hinein und zurück in das Bestellen.

Das Ge-Stell stellt. Es reißt alles in die Bestellbarkeit zusammen. Es rafft alles Anwesende in die Bestellbarkeit und ist so die Versammlung dieses Raffens. Das Ge-Stell ist: Geraff. Aber die-

---

i Anwesens – Weshalb, woher?
j noch schärfer abheben auf Montage, Gestänge und Geschiebe; Gerippe
k versammelnde

ses Raffen häuft den Bestand niemals nur an. Es rafft das Bestellte vielmehr ständig weg in den Kreisgang der Bestellbarkeit. Innerhalb seiner stellt eines das andere. Eines treibt das andere hervor; aber hervor in das Hinweg des Bestellens.

Das in sich gesammelte Stellen des Ge-Stells ist die Versammlung des in sich kreisenden Treibens. Das Ge-Stell ist Getriebe. Das Geraff rafft und zwar hinweg in das Getriebe des Betriebes.

Das Ge-Stell west als das Geraff des Getriebes, das die ständige Bestellbarkeit des vollständigen Bestandes bestellt.

Was wir so als *das Ge-Stell* denken, ist *das Wesen der Technik*.

Wir sagen »der Technik« und meinen die moderne Technik. Man kennzeichnet sie gern als die Kraftmaschinentechnik. Diese Kennzeichnung trifft etwas Richtiges. Dieses Richtige enthält aber noch keine Wahrheit; denn es zeigt nicht in das Wesen der modernen Technik, und zwar deshalb nicht, weil die Vorstellungsweise, aus der die genannte Kennzeichnung der modernen Technik als Kraftmaschinentechnik stammt, niemals in das Wesen der Technik zeigen kann. Man meint, die moderne Technik sei im Unterschied zu aller voraufgegangenen durch die Maschine bestimmt. Wie aber, wenn es umgekehrt wäre? Die moderne Technik ist, was sie ist, nicht durch die Maschine, sondern die Maschine ist nur, was sie ist und wie sie ist, aus dem Wesen der Technik. Man sagt daher nichts vom Wesen der modernen Technik, wenn man sie als Maschinentechnik vorstellt.

Das Ge-Stell als solches stellt zum voraus allen Bestand gerade erst daraufhin, daß er nur durch die Maschine besteht. Inwiefern? Das Ge-Stell ist die Versammlung des Geraffes des Getriebes der Beständigung des Bestellbaren, das selber einzig darauf gestellt ist, daß es sich auf der Stelle zur Stelle stehe. Das Ge-Stell ist die Versammlung des in sich kreisenden Bestellens des Bestellbaren. Das Ge-Stell ist in sich die raffend treibende Zirkulation des Bestellens des Bestellbaren in das Bestellen. Das Ge-Stell stellt alles auf dieses Gleiche des Bestellbaren, daß es in der gleichen Form sich ständig wieder stellt und zwar in das Gleiche der Bestellbarkeit.

Das Ge-Stell erstellt als diese Zirkulation des Bestellens in sich selber das Wesen der Maschine. Zu dieser gehört die Rotation, ohne daß sie notwendig die Gestalt des Rades hat; denn das Rad ist aus der Rotation bestimmt, nicht die Rotation durch Räder.

Die Rotation ist die in sich zurücklaufende Drehung, die Bestellbares (Treibstoff) in das Bestellen von Bestellbarem (Triebkraft) umtreibt. Die Rotation der Maschine ist gestellt, d. h. herausgefordert und beständigt in der Zirkulation, die im Getriebe, dem Wesenscharakter des Ge-Stells, beruht.

Lange bevor gegen Ende des 18. Jahrhunderts in England die erste Kraftmaschine erfunden und in Gang gesetzt wurde, war schon das Ge-Stell, das Wesen der Technik, verborgenerweise in seinem Gang. Das besagt: Das Wesen der Technik waltete vordem schon, so zwar, daß es allererst den Bereich lichtete, innerhalb dessen sich überhaupt dergleichen wie ein Erfinden von Krafterzeugungsmaschinen auf die Suche machen und es mit sich versuchen konnte.[1]

Wir mögen daher noch so fachlich die modernste Maschine beschreiben und sie exakt in ihrer Konstruktion erklären, wir fassen die Maschine dadurch immer nur technisch. Wir denken die Maschine nie aus dem *Wesen* der Technik. Allein, das Wesen der Technik ist selbst nichts Technisches. Jede Konstruktion jeder Maschine bewegt sich bereits innerhalb des Wesensraumes der Technik. Als technische Konstruktion vermag sie jedoch niemals, das *Wesen* der Maschine zu entwerfen. Das ist genau so unmöglich wie der Versuch, das Wesen der Mathematik mit mathematischen Mitteln errechnen zu wollen, oder das Wesen der Historie durch historische Forschungen umgrenzen zu wollen.

---

[1] eine Wesensfolge dieser Lichtung ist die neuzeitliche Physik – die in der *Gegenständlichkeit* beruht; – die Sphäre selbst *Er-findbarkeit*

Auf unserem Weg muß es genügen, den Wesensort der Maschine zu zeigen. Die Maschine ist nichts, was für sich gesondert anwest. Sie ist keineswegs nur eine verwickeltere Art von Werkzeug und Gerät, nur ein Räderwerk, das sich selbst betreibt, im Unterschied zum Spinnrad der Bäuerin oder zum Schöpfrad auf den Reisfeldern Chinas. Die Maschine tritt überhaupt nicht bloß an die Stelle der Gerätschaften und Werkzeuge. Die Maschine ist ebensowenig ein Gegenstand. Sie steht nur, insofern sie geht. Sie geht, insofern sie läuft. Sie läuft im Getriebe des Betriebes. Das Getriebe treibt als der Umtrieb des Bestellens des Bestellbaren. Wenn die Maschine steht, dann ist ihr Stillstand ein Zustand des Getriebes, dessen Aufhören oder dessen Störung. Maschinen sind innerhalb einer Maschinerie. Aber diese ist keine Anhäufung von Maschinen. Die Maschinerie läuft aus dem Geraff des Getriebes, als welches das Ge-Stell den Bestand bestellt.

Das Ge-Stell hat, auch wenn das nicht unmittelbar und nicht sogleich vernehmlich wird, im vorhinein schon alle diejenigen Stellen beseitigt, an denen vormals Spinnrad und Wassermühle standen. Das Ge-Stell bestellt durch seine Maschinerie zum voraus eine andere Art und Ordnung von Stellen. An diesen kommt nur zu Stand, was als Bestellbares auf der Stelle gleichförmig zur Stelle steht.

Darum ist auch die Art, wie die Maschine selbst etwas herstellt, eine wesentlich andere als das handwerkliche Tun, gesetzt daß es innerhalb des Ge-Stells überhaupt noch so etwas wie ein Herstellen gibt.

Die Traktoren und Kraftwagen werden herausgebracht, ausgeworfen, serienweise Stück für Stück. Wo draußen steht dieses so Herausgestellte? Wohin, in welchen Stand ist es gebracht? Der Kraftwagen ist so herausgestellt, daß er auf der Stelle zur Stelle, d. h. sofort und ständig lieferbar ist. Er ist nicht hergestellt, damit er da stehe und stehen bleibe wie der Krug. Der Kraftwagen ist vielmehr daraufhin gestellt, daß er abgeht und zwar als ein Bestellbares, das seinerseits herausgefordert werden kann, nämlich auf Weiterbeförderung, die sich der Förderung des Verkehrs stellt.

Was die Maschine Stück für Stück herausstellt, stellt sie in den Bestand des Bestellbaren ein. Das Herausgestellte ist Bestand-Stück. Dies Wort wird jetzt in einem strengen und neuen Sinn genommen.

Das Stück ist etwas anderes als der Teil. Der Teil teilt sich mit Teilen in das Ganze. Er nimmt am Ganzen teil, gehört ihm an.[m] Das Stück dagegen ist gesondert und zwar ist es als Stück, das es ist, sogar abgesperrt gegen andere Stücke. Es teilt sich nie mit diesen in ein Ganzes. Das Bestand-Stück teilt sich auch nicht mit seinesgleichen in den Bestand. Vielmehr ist der Bestand das in das Bestellbare Zerstückte. Die Zerstückung zerbricht nicht, sondern schafft gerade den Bestand der Bestandstücke. Jedes dieser wird in einen Kreisgang der Bestellbarkeit eingespannt und eingesperrt. Die Absperrung von Stück gegen Stück entspricht der Einsperrung jedes Abgesperrten in einen Betrieb des Bestellens.[n]

Wollte man die Bestandstücke eines Kraftwagenbestandes Stück für Stück zusammen und irgendwohin wegstellen, dann wären die Stücke aus dem Kreisgang ihrer Bestellbarkeit herausgerissen. Es ergäbe sich eine Art von Autofriedhof. Anders der Autopark, bei dem jeder Wagen in seiner Bestellbarkeit zur Stelle und gestelltes Stück eines bestellten Bestandes von Bestellung ist.

Die Bestand-Stücke sind Stück für Stück die Gleichen. Ihr Stückcharakter fordert dieses Gleichförmige. Als Gleiche sind die Stücke gegeneinander in der äußersten Absperrung; sie erhöhen und sichern gerade so ihren Stückcharakter. Die Gleichförmigkeit der Stücke verstattet, daß ein Stück gegen das andere ohne weiteres, d. h. auf der Stelle ausgewechselt werden und so zur Stelle sein kann. Ein Bestand-Stück ist durch das

[m] ergänzt seine Gänze
[n] Einheit des Bestandes – wie?

andere ersetzbar. Das Stück ist als Stück schon auf die Ersetzbarkeit hin gestellt. Bestand-Stück sagt: das als Stück Abgesperrte ist auswechselbar in ein Bestellen eingesperrt.

Auch das, was wir einen Maschinenteil nennen, ist, streng gedacht, niemals Teil. Es ist zwar in das Getriebe eingepaßt, aber als auswechselbares Stück. Dagegen ist meine Hand kein Stück von mir. Ich selbst bin selbst ganz in jeder Gebärde der Hand je dieses eine Mal.

Bei dem Namen »Stück« stellen wir uns gewöhnlich etwas Lebloses vor, obzwar man auch von einem Stück Vieh spricht. Die Bestand-Stücke sind jedoch jeweils in ein Bestellen eingespannt, von diesem gestellt. Zum so Gestellten gehört freilich auch, allerdings in seiner Weise, der Mensch, sei es, daß er die Maschine bedient, sei es, daß er innerhalb des Bestellens der Maschinerie die Maschine konstruiert und baut.[o] Der Mensch ist im Weltalter der Herrschaft der Technik von seinem Wesen her in das Wesen der Technik, in das Ge-Stell, durch dieses bestellt. Der Mensch ist in seiner Weise Bestand-Stück im strengen Sinn der Wörter Bestand und Stück.

Der Mensch ist auswechselbar innerhalb des Bestellens von Bestand. Daß er Bestand-Stück ist, bleibt die Voraussetzung dafür, daß er Funktionär eines Bestellens werden kann. Gleichwohl gehört der Mensch in einer völlig anderen Weise in das Ge-Stell als die Maschine. Diese Weise kann unmenschlich werden.[p] Das *Un*menschliche ist jedoch immer noch un*menschlich*. Der Mensch wird nie zur Maschine. Das Unmenschliche und noch Menschentümliche ist freilich unheimlicher, weil bösartiger und verhängnisvoller denn der Mensch, der nur Maschine wäre.

Der Mensch dieses Weltalters ist aber in das Ge-Stell gestellt, auch wenn er nicht unmittelbar vor Maschinen und im Betrieb einer Maschinerie steht. Der Forstwart z. B., der im Wald das

---

[o] diese Weise ausgezeichnet − trotz aller Gleichförmigkeit
[p] und ist es geworden

geschlagene Holz vermißt und dem Anschein nach noch wie sein Großvater in der gleichen Weise die selben Wege geht, ist heute von der Holzverwertungsindustrie gestellt. Er ist, ob er es weiß oder nicht, in seiner Weise Bestand-Stück des Zellulosebestandes und dessen Bestellbarkeit für das Papier, das den Zeitungen und illustrierten Magazinen zugestellt wird, die über die Öffentlichkeit daraufhin stellen, verschlungen zu werden.

Zum Bestand desjenigen Bestellens, durch das die Öffentlichkeit als solche gestellt, herausgefordert und so erst eingerichtet wird, gehören Funk und Film. Ihre Maschinerien sind Bestand-Stücke des Bestandes, der alles ins Öffentliche bringt und so die Öffentlichkeit unterschiedslos für alles und jedes bestellt. Bestand-Stücke dieses Bestandes der Einrichtung und Lenkung der Öffentlichkeit sind nicht nur die Maschinerien, sondern in ihrer Weise auch die Angestellten dieser Betriebe bis zum Rundfunkrat. Dieser ist vom Bestand, der Rundfunk heißt, gestellt, d. h. zur Bestellung dieses Betriebes herausgefordert. Als Bestand-Stück dieses Bestandes bleibt er in ihn eingesperrt. Setzen wir einmal den unwahrscheinlichen Fall, daß ein Rundfunkrat zur Abschaffung des Rundfunks riete. Er wäre über Nacht abgesetzt und zwar deshalb, weil er nur ist, was er ist, als der Gestellte eines Bestandes im Ge-Stell der Bestellung der Öffentlichkeit.

Abgesperrt in den Stückcharakter des Bestandstückes ist jeder Rundfunkhörer, der seinen Knopf dreht, abgesperrt als Stück des Bestandes, in den er eingesperrt bleibt, auch wenn er noch meint, das An- und Abstellen des Apparats stehe ganz in seiner Freiheit. Doch frei ist er nur noch in dem Sinne, daß er sich jedesmal freimachen muß von einer Nötigung des Andrangs der Öffentlichkeit, die gleichwohl unumgänglich besteht.

Die Menschen sind jetzt nicht nebenbei auch Bestand-Stücke des Rundfunks. Sie sind in ihrem Wesen schon auf diesen Charakter, Bestandstück zu sein, gestellt. Setzen wir wieder einen und zwar noch unwahrscheinlicheren Fall, daß plötzlich überall auf der Erde aus jedem Raum die Radioempfangsapparate verschwänden – wer vermöchte die Ratlosigkeit, die Langeweile, die Leere sich auszudenken, die mit einem Schlag die Menschen befiele und ihren Alltag durch und durch verstörte?

Es wird hier, wohlgemerkt, nicht über die Rundfunkhörer, auch nicht über den Rundfunk abgeurteilt. Es gilt nur, darauf hinzuweisen, daß in dem Bestand, der Rundfunk heißt, ein Bestellen und Stellen waltet, das in das Wesen des Menschen eingegriffen hat. Weil es so ist, und weil der Mensch nicht von sich aus allein und nie durch sich über sein Wesen entscheidet, deshalb kann das Bestellen des Bestandes, deshalb kann das Ge-Stell, das Wesen der Technik, nichts nur Menschliches sein. Man geht deshalb endgültig in die Irre, wenn man versucht, die Technik aus der menschlichen Intelligenz und gar noch aus der artistischen Intelligenz abzuleiten. Das Artistische setzt die ars, die ars setzt die τέχνη und diese setzt das Wesen des Technehaften voraus.

Der Bestand des Ge-Stells besteht in den Bestandstücken und in der Weise ihrer Bestellung. Die Bestandstücke sind das Beständige des Bestandes. Ihre Beständigkeit müssen wir deshalb aus dem Wesen des Bestandes, d. h. aus dem Ge-Stell her denken.

Gewöhnlich stellt man das Beständige als das Beharrende vor. Dies ist das dauernd Anwesende. Aber das Anwesende kann den Menschen nach verschiedenen Weisen der Anwesenheit angehen. Diese verschiedenen Weisen bestimmen die Epochen der abendländischen Seynsgeschichte. Das Anwesende kann wesen als das von sich aus Hervorkommende, her aus der Verborgenheit, vor in die Unverborgenheit. Dies also Anwesende nennen wir in seinem Anwesen den Herstand.

Das Anwesende kann sich kundgeben als das Geschaffene des Schöpfers, der selbst der ständig und überall Anwesende ist in allem. Das Anwesende kann sich darbieten als das, was im menschlichen Vorstellen für es her und ihm entgegen gestellt wird. Das Anwesende ist so das Gegenständige für das Vorstellen; das Vorstellen ist als percipere das cogitare des ego cogito der conscientia, des Bewußtseins, des Selbstbewußtseins als des Subjekts. Der Gegenstand ist das Objekt für das Subjekt.

Das Anwesende kann aber auch sein als das Beständige im Sinne der Bestandstücke des Bestandes, der als das ständig Bestellbare in demjenigen Stellen gestellt ist, als welches das Ge-Stell waltet.

Das Ge-Stell ist das Wesen der Technik. Sein Stellen ist universal. Es wendet sich an das Eine des Ganzen alles Anwesenden. Das Ge-Stell stellt dann die Weise, wie jedes Anwesende jetzt anwest. Alles, was ist, ist in den mannigfaltigsten Weisen und deren Abwandlungen, offenkundig oder noch versteckt, Bestand-Stück des Bestandes im Bestellen des Ge-Stells. Das Beständige besteht in der bestellbaren Ersetzlichkeit durch das bestellte Gleiche.

Das Wesen der Technik ist das Ge-Stell. Das Ge-Stell be--stellt. Es be-stellt das Anwesende mit Gestellung. Das Ge-Stell bestellt das Anwesende zum Bestand. Das Beständige des Bestandes sind die Bestand-Stücke. Deren Beständigkeit besteht in der bestellbaren Ersetzbarkeit durch das ständig Gleiche, das auf der Stelle zur Stelle ist. Doch hier meldet sich ein Bedenken. Wenn das Wesen der Technik im Ge-Stell besteht, die Technik aber darauf ausgeht, die Kräfte und die Stoffe der Natur zu stellen, d. h. herauszufordern als das, was, herausgefördert, alles in dem fördert, was zum Erfolg erfolgt, dann zeigt sich gerade vom Wesen der Technik her, daß sie nicht universal ist. Die Kräfte und Stoffe der Natur setzen der Technik eine so entschiedene Grenze, daß die Technik auf die Natur als die Quelle und den Rückhalt des technischen Bestandes angewiesen bleibt. Wir können deshalb nicht behaupten, alles Anwesende wese an in der Weise des Beständigen, das im Bestellen des Ge-Stells zum Stand kommt. Das Ge-Stell geht nicht alles Anwesende an. Die Technik ist nur ein Wirkliches unter anderem Wirklichen. Die Technik bleibt weit davon entfernt, gar die Wirklichkeit alles Wirklichen auszumachen.

Wie steht es mit dem Wesen der Technik? Ist es universal oder nicht? Welches ist das Verhältnis zwischen der Technik und der Natur?

Doch was ist die Natur, die außerhalb des Bereiches des technischen Bestandes anwesen soll als das, worauf das Bestellen immer wieder zurückkommen muß? Wie west die Natur an, insofern die Technik, auf sie angewiesen, aus ihr die Kräfte ihrer Kraftwerke und die Stoffe entnimmt? Was sind die Naturkräfte, die in der Technik gestellt werden? Die Antwort gibt die Naturwissenschaft. Die Grunddisziplin der Wissenschaft vom Physischen ist die Physik. Diese sagt uns zwar nichts über das Wesen der Kraft. Aber die Physik gibt dem Denken eine Gelegenheit, dem nachzugehen, wie die Naturwissenschaft dasjenige vorstellt, was sie Kraft nennt. Physikalisch ist die Naturkraft nur in ihrer Wirkung zugänglich; denn nur in ihrer Wirkung zeigt die Kraft das Berechenbare ihrer Größe. In der Berechnung wird die Kraft gegenständlich. Nur auf diesen Gegenstand der Berechnung kommt es der Naturwissenschaft an. Die Natur wird als das in Maß und Zahl gestellte Wirkliche vorgestellt, das in seinem Gewirkten gegenständlich anwest. Dieses Gewirkte gilt wiederum nur als anwesend, insofern es selber wirkt und sich als wirkfähig erweist. Das Anwesende der Natur ist das Wirkliche. Das Wirkliche ist das Wirksame. Das Anwesen der Natur besteht in der Wirksamkeit. In ihr kann die Natur auf der Stelle etwas zur Stelle bringen, d. h. erfolgen lassen.

Die Kraft ist jenes, was etwas daraufhin stellt, daß aus ihm anderes in einer übersehbaren Weise erfolgt. Die Naturkräfte sind durch die Physik im Sinne des Stellens vorgestellt, durch welches das Ge-Stell das Anwesende stellt. Die Natur steht der Technik so und nur so gegenüber, daß Natur als ein System des Bestellens von Erfolgen aus dem gestellten Wirksamen besteht. Dieses Wesen von Natur hat Kant, obzwar ohne Rückgang auf das Ge-Stell, zum ersten Mal und maßgebend gedacht. Die Wirksamkeit des Wirklichen – der Natur – ist nichts anderes als die Bestellfähigkeit auf das Erfolgen. Dies sagt: Die Natur steht der Technik nicht als ein unbestimmtes, an sich Anwesendes gegenüber. Sie steht der Technik überhaupt nicht als Gegenstand gegenüber, der gelegentlich ausgebeutet wird. Im Weltalter der Technik gehört die Natur im vorhinein in den Bestand des Bestellbaren innerhalb des Ge-Stells.[q]

Dies mag, wird man erwidern, zur Not von den Kräften der Natur gelten, die ihr durch die Technik gleichsam abgezapft werden. Die Naturstoffe dagegen liegen außerhalb des technischen Bestandes seit langer Zeit vor, längst eh die Technik begann. Die Chemie stellt fest, was die Stoffe an sich, in ihrer objektiven Wirklichkeit, sind.

Wie aber nimmt die Wissenschaft den Stoff der Natur? Sie stellt ihn als die Materie vor. Welches ist der physikalische Grundzug der Materie? Das ist die Trägheit. Was versteht die Physik unter Trägheit? Physikalisch vorgestellt ist die Trägheit das Beharren im Bewegungszustand. Ein solcher ist auch die Ruhe, die physikalisch-rechnerisch als Grenzfall der Bewegung gilt. Trägheit ist Widerstand gegen Bewegungsänderung. Widerstand ist Gegenwirkung und zwar gegen Beschleunigung. Der Stoff ist als die Materie im Gesichtskreis von Bewegung und im Hinblick auf das Wirksame, d. h. von der Kraft her vorgestellt, die aufgewendet, d. h. gestellt sein muß, um den jeweiligen Bewegungszustand zu ändern, d. h. einen anderen zu bestellen.

Für die Physik ist die Natur der Bestand von Energie und Materie. Sie sind die Bestandstücke der Natur. Die Materie wird aus der Hinsicht auf Trägheit von der Energie her bestimmt. Die Energie jedoch ist das Wirksame, das Bestellfähige für das bestellte Stellen eines Erfolgens. Die Kraft selber ist das bestellfähig Bestellbare, bestellbar auf Erhaltungs-, Verwandlungs- und Speicherungsfähigkeit, lauter Charaktere, die auf eine ständig stellbare Bestellbarkeit der Energie abgestellt sind.

Nicht nur die Naturkräfte, sondern auch die Naturstoffe sind physikalisch-chemisch als bestellend-bestellbarer Bestand vor-

[q] Atomphysik

-gestellt; vor-gestellt in einer wesentlichen Zweideutigkeit dieses Wortes »vor-gestellt«, nämlich: im vorhinein gestellt und zwar in die Hinsicht des Berechnens.

Die Natur, die dem Anschein nach der Technik gegenüber steht, ist bereits aus dem Wesen der Technik her in den Bestand des Ge-Stells als Grundbestand eingestellt. Das Wesen der modernen Technik beginnt geschichtlich zu walten mit dem Beginn der neuzeitlichen Naturwissenschaft vor drei und einhalb Jahrhunderten. Was sagt dies? Es sagt nicht, die moderne Technik sei zunächst nur Naturwissenschaft gewesen und sei dann als deren Anwendung erst später entstanden. Es sagt vielmehr: Das Wesen der modernen Technik, das Ge-Stell, begann mit dem wesensmäßigen Grundakt des Bestellens, insofern es zuerst die Natur als den Grund-Bestand im vorhinein sicher stellte. Die moderne Technik ist nicht angewandte Naturwissenschaft, vielmehr ist die neuzeitliche Naturwissenschaft Anwendung des Wesens der Technik, worin sich diese an ihren Grundbestand wendet, um ihn in die Verwendbarkeit sicher zu stellen.

Für die Naturwissenschaft ist nur etwas als anwesend, wenn es vorausberechenbar und insofern es dieses ist. Die für alles naturwissenschaftliche Vorstellen maßgebende Vorausberechenbarkeit der Naturabläufe ist die vor-stellungsmäßige Bestellbarkeit der Natur als Bestand eines Erfolgens. Ob diese Berechenbarkeit eindeutig und gewiß ausfällt, oder nur wahrscheinlich bleibt und deshalb lediglich statistisch erfaßbar, ändert an dem vom Wesen der Technik her allein zugelassenen Wesen der Natur als Bestand nicht das mindeste.[r] Die Atomphysik ist zwar experimentell-rechnerisch anders geartet als die klassische Physik. Aus dem Wesen gedacht bleibt sie jedoch die selbe Physik.

Im Weltalter der Technik ist die Natur keine Grenze der Technik. Die Natur ist da vielmehr das Grundbestandstück des technischen Bestandes – und nichts außerdem.

---

[r] die Maschinen – die atomaren Abläufe und die entsprechenden Methoden

Die Natur ist nicht einmal mehr ein Gegen-stand. Sie ist als das Grundstück des Bestandes im Ge-Stell ein Beständiges, dessen Stand und Ständigkeit sich einzig aus dem Bestellen her bestimmt. Alles Anwesende, auch die Natur, west an in der Weise des Beständigen des Bestandes, den das Ge-Stell bestellt.

Das Ge-Stell ist in seinem Stellen universal. Es geht alles Anwesende an; alles, nicht nur in der Summe und nacheinander, sondern alles, insofern jedes Anwesende als ein solches in seinem Bestehen aus dem Bestellen her gestellt ist. Dabei verschlägt es nichts, ob wir jedesmal und sogleich diesen Charakter des Anwesens schon eigens bemerken und feststellen, oder ob wir ihn lange Zeit hindurch übersehen und die Wirklichkeit des Wirklichen, wie es weithin der Fall ist, immer noch in einer gewohnten Weise vorstellen, die, streng bedacht, durchaus verworren ist.[s]

Alles Anwesende west im Weltalter der Technik an nach der Weise der Beständigkeit der Bestandstücke im Bestand. Auch der Mensch west so an, mag es strecken- und bezirkweise noch so scheinen, als sei sein Wesen und Anwesen vom Stellen des Ge-Stells nicht angegangen.

Das Beständige der Bestandstücke ist durch das Gleichförmige ausgezeichnet. Alles ist im Ge-Stell auf die ständige Ersetzbarkeit des Gleichen durch Gleiches gestellt. Nur so bleibt das Ge-Stell vollständig in das Ständige seines Getriebes gerafft. Das Ge-Stell rafft alles Bestellbare zum voraus in das Gleiche der unbeschränkten Bestellbarkeit des vollständigen Bestandes. Das ständig auswechselbare Gleiche gilt in allem Beständigen gleich. Das Gleich-Giltige in allem Beständigen sichert diesem die Beständigkeit durch die auf der Stelle bestellbare Ersetzbarkeit. Der Bestand besteht aus dem Bestellen des Ge-Stells. Im Bestand steht alles im Gleich-Giltigen. Der Bestand bestellt das Abstandlose.

Alles Wirkliche rückt in das gleichförmig Abstandlose zu-

---

[s] vgl. Wissenschaft und Besinnung

sammen. Nähe und Ferne des Anwesenden bleiben aus. Mit diesem Hinweis hat unsere Besinnung begonnen. Die Flugmaschine und alle in ihrer Schnelligkeit sich fortgesetzt steigernden Apparate des Verkehrs verkürzen die Entfernungen. Jedermann kennt dies heute. Alle versichern, die Erde werde kleiner. Jeder weiß: das bewirkt die Technik.

Diese Einsicht besitzen wir, ohne daß wir uns auf so umständliche Umwege einzulassen brauchen, wie wir sie jetzt gegangen sind, indem wir dem Ding und seinem Dingen, dem Ge-Stell und seinem Stellen, dem Bestand und seinen Bestandstücken nachdachten.

Warum gehen wir, um den Einblick in das, was ist, zu erlangen, trotzdem diesen Weg des Denkens? Weil wir keineswegs nur und noch einmal durch eine beliebig vermehrbare Anzahl von Wahrnehmungen feststellen wollen, was jedermann im technischen Zeitalter kennt. Das Entscheidende ist nicht, daß die Entfernungen sich mit Hilfe der Technik verringern, sondern daß Nähe ausbleibt. Wir stellen auch dies nicht nur fest. Wir bedenken das Wesen der Nähe und zwar, um zu erfahren, inwiefern sie ausbleibt, um zu bedenken, was in diesem Ausbleiben sich ereignet.[t] Wir verfolgen nicht die Auswirkungen der Technik, um deren Folgen zu schildern. Wir denken ins Wesen der Technik, um zu erfahren, wie diesem Wesen gemäß das Ausbleiben der Nähe mit der Wesensentfaltung der Technik zusammengeht. Die Maschinen der Technik können nur deshalb die Entfernungen verkürzen und gleichwohl keine Nähe bringen, weil das Wesen der Technik im vorhinein Nähe und Ferne nicht zuläßt. Dem Wesen der Technik denken wir jedoch keineswegs deshalb nach, um das Gebäude einer Philosophie der Technik zu errichten oder auch nur zu entwerfen. Die Technik west als das Ge-Stell. Was jedoch waltet im Ge-Stell? Woher und wie ereignet sich das Wesen des Ge-Stells?[u]

---

[t] weshalb gerade Nähe? Nähe und *Unter-schied!*
[u] das Ge-Stell als ›Wesen‹ im weiteren Sinne

Die Gefahr

Das Ge-Stell bestellt den Bestand. Zugleich und vordem verwehrt das Ge-Stell die Nähe. Daß im Ge-Stell, das überall das Abstandlose des Gleich-Giltigen bestellt, Nähe ausbleibt, gibt einen Wink in das Wesen des Ge-Stells; denn vermutlich gehört zum Wesen des Ge-Stells, daß sich in ihm das Ausbleiben von Nähe deshalb ereignet, weil das Ge-Stell in der Weise west, daß es Nähe verwehrt.

Was ereignet sich, wenn Nähe vorenthalten wird? Wie west dabei das Wesen des Ge-Stells? Nähe nähert. Nähe nähert Welt.[a]

Welt aber ist das noch verborgene Spiegel-Spiel des Gevierts von Himmel und Erde, Sterblichen und Göttlichen. Welt zu nähern, ist das Dingen des Dinges. Wird die nähernde Nähe verwehrt, dann bleibt das Ding als Ding vorenthalten.

Das universale Bestellen des Ge-Stells läßt alles Anwesende nur als Bestandstück des Bestandes anwesen. Im Bestand ist nicht einmal mehr der Gegenstand, geschweige denn schon das Ding als Ding zugelassen. Das Ge-Stell west, indem es das Ding noch nicht als Ding wahrt. Im Wesen des Ge-Stells bleibt das Ding ungewahrt als Ding. Das Ge-Stellwesen läßt das Ding ohne die Wahr. Das Wort »die Wahr« bedeutet in unserer Sprache, dort, wo sie noch ursprünglich spricht, die Hut. In unserer schwäbischen Mundart meint das Wort »die Wahr«: die der mütterlichen Hut anvertrauten Kinder. Das Ge-Stell läßt in seinem Stellen das Ding ohne die Hut – ohne die Wahr seines Dingwesens.[b] Das Ge-Stellwesen wahrt nicht das Ding als Ding. Das Ge-Stell west, indem es das Ding wahrlos läßt. Weil

---

[a] Distanz und Nähe

[b] nur dies! ereignet sich nicht im Geschick das Ausbleiben des Wesens der Wahrheit?

jedoch das Ge-Stell von langher, obzwar verborgen, waltet und durch sein Bestellen immer entschiedener alles Anwesende in den Bestand fortreißt, wird das Ding als Ding unter der Wesensherrschaft des Ge-Stells seit langem immer wahrloser. Das Ge-Stell rafft im Geraff seines Getriebes, das überall nur den bestellbaren Bestand sichert, das anfänglich in seinem Wesen ungewahrte Ding in das Wahrloserwerden hinweg.

Im Wesen des Ge-Stells ereignet sich die Verwahrlosung des Dinges als Ding.

Das Wort »Verwahrlosung« wird hier beim Wort genommen und d. h.: Es wird aus einer zuvor gedachten Sache gesagt; denn: echt gedacht, ist recht gesagt und echt gesagt, ist recht gedacht. Verwahrlosung meint hier nicht das Abgleiten in das Ungepflegte, bedeutet nicht den Verfall in die Unordnung. Das jetzt gebrauchte Wort »Verwahrlosung« ist kein Scheltwort; es enthält überhaupt kein Werturteil. Verwahrlosung des Dinges nennt solches, was im Wesen des Ge-Stells, das uns das Wesen der Technik anzeigt, vor sich geht.

Was ereignet sich in der Verwahrlosung des Dinges? Was ist schon geschehen, wenn das Ding noch nicht als Ding dingen kann?

Dingend nähert das Ding Welt und verweilt Welt. Wenn aber das Ding, wahrlos, wie es ist, nicht dingt, dann bleibt Welt als Welt verweigert. In der Verwahrlosung des Dinges ereignet sich Verweigerung von Welt.

Welt aber ist das noch verborgene Spiegel-Spiel des Gevierts von Himmel und Erde, Sterblichen und Göttlichen.

Welt weltet. Aber das Welten von Welt ist nicht nur nicht eigens erfahren und entsprechend gedacht, sondern wir sind auch noch ganz unbeholfen, das Welten von Welt rein aus ihm selbst her zu denken und ihm zu entsprechen.[c] Darum bedürfen wir der Aushilfen. Sie bringen uns freilich notgedrungen dahin, das Welten von Welt, statt es aus ihm selbst in einer entspre-

---

[c] Ereignis

chenden Art des Denkens zu denken, von anderem her vorzustellen. Dieses Andere, von dem her wir jetzt das Welten von Welt vorstellend denken, kann indessen dem Wesen von Welt auch wieder nicht völlig fremd sein. Wohl dagegen geschieht es uns, daß wir dieses Andere, von woher wir das Welten von Welt verstehen, hierbei als das Wesen von Welt nehmen, während in Wahrheit das Welten von Welt gerade das verborgene Wesen dessen ist, was wir zur Kennzeichnung des Weltens von Welt beiziehen. So gehen wir jetzt wissentlich einen unvermeidlichen Irrweg. Weil wir ihn aber wissend gehen, können wir ihn zur gegebenen Zeit zurückgehen.

Welt ist das Geviert von Erde und Himmel, Göttlichen und Sterblichen. Das Spiegel-Spiel der Vierung wahrt alles, was in ihm dingend zwischen den Vier anwest und abwest in das einende Ganze seines Anwesens. Von altersher heißt das Anwesen des Anwesenden τὸ ἐόν, das Seiend; τὸ εἶναι das Sein, nämlich der ἐόντα, des Seienden, das esse entium.

Welt ereignet, es lichtend-wahrend, das Dingen des Dinges. Welt wahrt so das Wesen des Anwesens als solchen. Welt wahrt weltend das Wesen dessen, was als das Sein des Seienden west.

Wir stellen die Welt jetzt auf das uns bekannte Sein des Seienden hin vor. So vorgestellt ist die Welt das, was das Sein in sein Wesen wahrt. Als die dergestalt wahrende ist die Welt die Wahrnis des Wesens von Sein. Statt Wahrnis sagen wir auch Wahrheit und denken dabei dieses Grundwort anfänglicher aus dem Welten von Welt.

Das noch verborgene Spiegel-Spiel im Geviert von Erde und Himmel, Göttlichen und Sterblichen weltet als Welt. Die Welt ist die Wahrheit des Wesens von Sein.

So kennzeichnen wir jetzt die Welt aus der Hinsicht auf das Sein. Welt ist, so vorgestellt, dem Sein unterstellt, während in Wahrheit das Wesen von Sein aus dem verborgenen Welten von Welt west.[d] Welt ist nicht eine Weise des Seins und diesem

[d] (Ereignis)

botmäßig. Sein hat sein Wesen aus dem Welten von Welt zu eigen. Das deutet darauf, daß das Welten von Welt das Ereignen in einem noch unerfahrenen Sinn dieses Wortes ist. Wenn Welt erst sich eigens ereignet, entschwindet Sein, mit ihm aber auch das Nichts in das Welten. Erst wenn das Nichts in sein Wesen aus der Wahrheit des Seins her in diese verschwindet, ist der Nihilismus überwunden.

Aber noch verweigert sich Welt als Welt. Noch entzieht sich Welt in die ihr eigene Verborgenheit.

Verborgen bleiben heißt griechisch λανθάνειν. Λήθη ist die Verborgenheit. Welt, in ihrem Welten sich verweigernd, bleibt als die Wesensherkunft des Seins verborgen. Allein, Welt bleibt in der Verborgenheit (Λήθη) auf die Weise, daß diese ihre Verborgenheit gerade eine Unverborgenheit[e] gewährt: die Ἀλήθεια. Diese ist das lichtende Bergen des Anwesens von Anwesendem in die Unverborgenheit. Das Seiende in seinem Sein west als Anwesendes aus der Ἀλήθεια. In der Unverborgenheit des Anwesenden als eines solchen, in der Ἀλήθεια beruht und aus ihr entschickt sich der volle Wesensreichtum des Geschicks des Seins alles Seienden.

Die Ἀλήθεια schickt sich in das lichtende Bergen des Anwesens, schickt sich an, das Anwesende in das Geschickliche seines Anwesens zu entfalten. Die Ἀλήθεια ist das Geschick des Seins, als welches Geschick sich die Fülle der Seinsgeschichte in ihre Epochen fügt. Ἀ-λήθεια, Unverborgenheit des Anwesenden als eines solchen, west aber nur dann und nur so lange, als Verborgenheit, Λήθη, sich ereignet. Denn die Ἀλήθεια beseitigt die Λήθη nicht. Unverborgenheit zehrt die Verborgenheit nicht auf, sondern Unverborgenheit verlangt stets Verborgenheit und bestätigt sie auf diese Weise als die Wesensquelle der Ἀλήθεια. Diese hält sich an die Λήθη und hält sich in ihr. Dies jedoch so entschieden, daß sogar die Ἀλήθεια selber als solche[f] frühzeitig

---

[e] Entbergung
[f] wahrt, zurückbleibt — und demgemäß erst ὀρθότης

in die Verborgenheit zurückfällt und zwar zugunsten des Anwesenden als solchen. Das Anwesende übernimmt den Vorrang
gegenüber dem, worin es einzig west. Denn Anwesen, d. h. Her-
und Hereinwähren in die Lichtung eines welthaft Offenen
kann nur wesen, insofern Unverborgenheit sich ereignet, mag
diese dabei eigens erfahren und gar vorgestellt sein oder nicht.
In der Tat wahrt die Ἀλήθεια sich nicht eigens in ihr eigenes
Wesen. Sie entfällt in die Verborgenheit, Λήθη. Die Ἀλήθεια
gerät in die Vergessenheit. Diese besteht jedoch keineswegs
darin, daß nur ein menschliches Vorstellen in der Erinnerung
etwas nicht festhält, sondern Vergessenheit, das Entfallen in die
Verborgenheit, ereignet sich mit der Ἀλήθεια selbst zugunsten
des Wesens des Anwesenden, das innerhalb der Unverborgenheit anwest. Λήθη ist die Vergessenheit der Wahrnis des Wesens
des Seins. Dergestalt ist die Λήθη gerade die Wesensquelle und
Wesensherkunft des Waltens jeder Weise von Sein. Der verkürzt
gefaßte und darum leicht mißverständliche Ausdruck »Seinsvergessenheit« besagt, daß das Wesen des Seins, das Anwesen,
samt seiner Wesensherkunft aus der Ἀλήθεια als Ereignis des
Wesens dieser, mit der Ἀλήθεια zusammen, in die Verborgenheit entfällt.[g] Mit diesem Entfallen in die Verborgenheit entzieht sich das Wesen der Ἀλήθεια und des Anwesens. Insofern
sie sich entziehen, bleiben sie[h] dem menschlichen Vernehmen
und Vorstellen unzugänglich. Menschliches Denken kann deshalb an das Wesen der Unverborgenheit und des Anwesens in
ihr nicht denken. Dergestalt zum Andenken unvermögend hat
das menschliche Denken das Wesen des Seins im vorhinein
vergessen. Aber menschliches Denken ist nur deshalb in solcher
Vergeßlichkeit des Wesens des Seins, weil dieses Wesen selber
sich als Vergessenheit, Entfallen in die Verborgenheit, ereignet
hat.[i] Dieses Ereignis beruht darin, daß Welt als die Wahrnis des

[g] in ihr verbleibt
[h] unmittelbar
[i] Vergessen des Unterschieds: Verwahrlosung von Ding – Verweigerung von
Welt

Wesens des Seins sich verweigert. Der Wink dahin, daß solche Verweigerung sich ereignet, verbirgt sich im Geschick des Seins, welches Geschick sich in die Epochen der Seinsvergessenheit fügt, so zwar, daß diese Epochen gerade als diejenigen der Entbergung des Seienden in seiner Seiendheit die abendländisch-europäische Geschichte bestimmen bis in ihre heutige Entfaltung zur planetarischen Totalität. Diese ist die Voraussetzung dafür, daß der neuzeitliche Kampf um die Erdherrschaft sich auf die Positionen der beiden heutigen »Welt«-Mächte konzentriert.

Verweigerung von Welt ereignet sich als Verwahrlosung des Dinges.[j] Verweigerung von Welt und Verwahrlosung des Dinges sind in einem einzigartigen Verhältnis. Sie sind als dieses Verhältnis das Selbe, obzwar nicht das Gleiche.

In welcher Weise aber ereignet sich Verweigerung der Welt als Verwahrlosung des Dinges? In der Weise, daß das Ge-Stell west. Es bestellt alles Anwesende als das Beständige der Bestandstücke des Bestandes. Also den Bestand bestellend, stellt das Ge-Stell alles Anwesende in das Abstandlose. Das Ge-Stell geht das Anwesen alles Anwesenden als eines solchen an. Das Ge-Stell ist somit in seinem Wesen das Sein des Seienden, in dessen äußerstem und vermutlich vollendetem Geschick.

Das Ge-Stell ist das Wesen der modernen Technik. Das Wesen des Ge-Stells ist das Sein selber des Seienden; nicht überhaupt und nicht von jeher, sondern jetzt, da sich die Vergessenheit des Wesens des Seins vollendet. Das Ereignis dieser Vollendung der Seinsvergessenheit bestimmt allererst die Epoche, indem jetzt das Sein in der Weise des Ge-Stells west. Es ist die Epoche der vollendeten Verwahrlosung des Dinges durch das Ge-Stell. Welt aber, die weltend das Dingen des Dinges ereignet, bleibt verborgen, obzwar ihre Verborgenheit gerade die Unverborgenheit des Anwesenden und so das Anwesen, das Sein des Seienden, gewährt. Die Welt ist, die Wahrheit des Wesens des Seins ver-

---

[j] des Anwesens

wahrend und Sein in sein Geschick entschickend, das Sein selber.

Das Ge-Stell ist, das Anwesende als solches in der Weise der Verwahrlosung des Dinges durchherrschend: das Sein selber.

Welt und Ge-Stell sind das Selbe. Aber wiederum: Das Selbe ist niemals das Gleiche. Das Selbe ist ebensowenig nur der unterschiedlose Zusammenfall des Identischen. Das Selbe ist vielmehr das Verhältnis des Unterschiedes. Selbig ist, was notwendig in diesem sich ereignenden Verhältnis gehalten, d. h. gehütet, d. h. verwahrt wird, und so im strengen Sinne verhalten bleibt. Welt und Ge-Stell sind das Selbe und so bis ins Äußerste ihres Wesens einander entgegengesetzt.

Aber die Entgegensetzung von Welt und Ge-Stell ist kein nur vorhandener und demgemäß vorstellbarer Gegensatz zwischen vorhandenen Gegenständen. Die Entgegensetzung ereignet sich. Sie ereignet sich im Selben als das Wesende des Seins selber. Indem das Ge-Stell alles Anwesende in den Bestand bestellt, setzt das Ge-Stell das Anwesen des Anwesenden heraus aus seiner Wesensherkunft, aus der 'Αλήθεια. Das Ge-Stell läßt, den Bestand bestellend, das Abstandlose herrschen. Alles gilt gleich. Dem Gleich-Giltigen liegt nicht mehr daran, ob es und wie es selber noch als Unverborgenes gegen Anderes, Verborgenes anwest.

Das Ge-Stell läßt, den Bestand bestellend, die Unverborgenheit und ihr Wesen in die völlige Vergessenheit entfallen. Das Ge-Stell als Wesen des Seins setzt das Sein aus der Wahrheit seines Wesens heraus, entsetzt das Sein seiner Wahrheit.

Indem das Ge-Stell west, entsetzt sich das Sein selber der Wahrheit seines Wesens, ohne doch jemals in diesem Ent-setzen und Sichabsetzen vom Wesen des Seyns sich trennen zu können. Die Wahrnis des Wesens des Seins, die Welt, setzt sich, insofern das Ge-Stell west, weg in die Herrschaft des Ge-Stells, das Welt verweigert durch die Verwahrlosung des Dinges.

So wird im Wesen und Walten des Ge-Stells die Ankunft des Weltens von Welt vorenthalten. Allein, dieses Ereignis des Vorenthalts von Welt unterhält gerade eine verborgene Ferne zum Welten der Welt.[k]

Im Ge-Stell als dem vollendeten Geschick der Vergessenheit des Wesens des Seins leuchtet unscheinbarerweise ein Strahl der fernen Ankunft von Welt. Insofern Welt ihr Welten verweigert, geschieht nicht nichts von Welt, sondern Verweigerung verstrahlt die hohe Nähe der fernsten Ferne von Welt.

Welt und Ge-Stell sind das Selbe. Sie sind unterschieden das Wesen des Seins. Welt ist die Wahrnis des Wesens des Seins. Ge-Stell ist die vollendete Vergessenheit der Wahrheit des Seins. Das Selbe, das in sich unterschiedliche Wesen des Seins, ist aus sich in einer Entgegensetzung und zwar in der Weise, daß Welt sich verborgener Weise in das Ge-Stell entsetzt. Das Ge- -Stell aber setzt sich nicht nur vom verborgenen Welten der Welt ab, sondern das Ge-Stell setzt, alles Anwesende in den Bestand bestellend, der Welt mit der Vollendung der Vergessenheit ihres Weltens zu. Dergestalt zusetzend,[l] setzt das Ge-Stell der Wahrheit des Wesens des Seins mit der Vergessenheit nach. Dieses Nachstellen ist das eigentliche Stellen, das sich im Wesen des Ge-Stells ereignet. In diesem Nachstellen[m] beruht erst dasjenige Stellen des Ge-Stells, das in der Weise des Bestellens des Bestandes alles Anwesende in die Verwahrlosung des Dinges stellt. Das innerste Wesen des Stellens, als welches das Ge-Stell west, ist das gekennzeichnete Nachstellen.

Im Althochdeutschen heißt nachstellen: fara. Das in sich gesammelte Stellen als Nachstellen ist die Gefahr. Der Grundzug des Wesens der Gefahr ist das Nachstellen. Insofern das Sein als das Ge-Stell sich selbst mit der Vergessenheit seines Wesens nachstellt, ist das Seyn als Seyn die Gefahr seines eigenen Wesens. Das Seyn ist, aus dem Wesen des Ge-Stells und in der Hinsicht auf Verweigerung von Welt und Verwahrlosung des

---

[k] nur möglich, insofern Ge-Stell das Ereignis ist

[l] zu einseitig auf Welt abgesehen

[m] das Wort hier anders gebraucht als bei Theorie und Betrachten, obzwar nicht ohne Bezug von diesem auf jenes

Dinges gedacht, die Gefahr.[n] Das Seyn ist in sich aus sich für sich die Gefahr schlechthin. Als das Nachstellen, das seinem eigenen Wesen mit der Vergessenheit dieses Wesens nachstellt, ist das Seyn als Seyn die Gefahr. Dieses Gefahrwesen ist die Weise, wie das Selbe, Welt und Ge-Stell, als das je unterschiedlich Wesende des Seyns, sich seiner selbst entsetzt, indem es sich nachsetzt. Noch bleibt für uns der Gedanke, daß das Seyn in sich als die Gefahr seiner selbst wese, befremdlich und, weil befremdlich, auch allzu leicht mißdeutbar. Denn das Gesagte denken wir erst dann wesensgerecht, wenn wir dieses bedenken: Das Seyn, vom Wesen des nachstellenden Ge-Stells her gedacht, wird keineswegs mit dem Charakter, gefährlich zu sein, ausgestattet, sondern umgekehrt: Das bislang in der Metaphysik von der idea her sich entfaltende Seyn gehört nach seinem bisher verborgenen Wesen in das, was jetzt als die Gefahr das Seyn durchwaltet.

Die Gefahr ist das sich in sich versammelnde Nachstellen, als welches das Ge-Stell in der Weise der Verwahrlosung des Dinges der sich verweigernden Welt mit der Vergessenheit ihrer Wahrheit nachstellt.

Das Wesen der Technik ist das Ge-Stell. Das Wesen des Ge--Stells ist die Gefahr. Das Seyn ist in seinem Wesen die Gefahr seiner selbst. Nur weil es dergestalt die Gefahr ist, ist die Gefahr in sich zugleich die Gefährlichkeit für das menschliche Denken des Seins. Die Zone dieser Gefährlichkeit der Gefahr, die das Denken befahren muß, um das Wesen des Seyns zu erfahren, ist das, was andern Orts und früher die Irre genannt wurde, mit dem Vermerk, daß die Irre nicht eine Fehlleistung des Erkennens sei, sondern zum Wesen der Wahrheit im Sinne der Unverborgenheit des Seins gehöre. Das Wesen der Irre beruht im Wesen des Seyns als der Gefahr.

Das Gefährlichste der Gefahr besteht nach dieser Hinsicht darin, daß die Gefahr sich als die Gefahr, die sie ist, verbirgt.

[n] umgekehrt

Nachstellend dem Wesen des Seins, verstellt das Ge-Stell sein Gefahrwesen. Daher kommt es, daß wir dieses Wesens des Seyns, in sich als die Gefahr der Wahrheit seines Wesens zu wesen, zunächst und langhin überhaupt nicht, und wenn je, dann nur schwer gewahr werden.

Wir erfahren die Gefahr noch nicht als die Gefahr. Wir erfahren das Ge-Stell nicht als das sich nachstellende und dabei sich verstellende Wesen des Seins. Wir erfahren innerhalb des uns beherrschenden Bezugs zum Sein im Sein selbst nicht dessen Gefahrwesen, trotzdem das Seiende überall durchsetzt ist mit Gefahren und Nöten. Statt uns auf die Gefahr im Wesen des Seins zu verweisen, machen die Fährnisse und Bedrängnisse uns gerade blind gegen die Gefahr. Deren Gefährlichstes beruht darin, daß sie sich nicht als die Gefahr zeigt. Es sieht so aus, als sei das Sein selbst ungefährlich und in sich gefahrlos; denn für die Einen ist das Sein immer noch und nur der allgemeinste und leerste Begriff; und was ist harmloser denn ein leerer Begriff? Den Anderen ist das Sein das Selbe mit dem Seiendsten des Seienden, mit Gott.°

Die Gefahr, als welche das Wesen des Ge-Stells in der Herrschaft der Technik sich ereignet, steigt ins höchste, wenn inmitten der einzigen Gefahr überall und nur das Ungefährliche sich breit macht in der Gestalt der zahlreichen zufälligen Bedrängnisse.

Im Gefolge jeder Gefahr geht eine Not um. Not nötigt. Sie zwingt in das Ratlose, zwängt in das Ausweglose. Wo freilich *die* Gefahr sich verbirgt, da verhüllt sich auch *die* Not. Darum wird die Not nicht als die Not erfahren. Man trifft zwar auf vielerlei Nöte und Drangsale. Man behebt sie und mindert sie von Fall zu Fall aus einer ersten Hilfsbereitschaft, die in unscheinbarem Wirken kein Mittel unversucht läßt und so das mannigfache

---

° Gesetzt aber, Gott sei, zwar nicht das Seyn selbst, aber das Seiendste, wer dürfte jetzt schon wagen, zu sagen, daß dieser so vorgestellte Gott *die* Gefahr sei für das Seyn?

Leid lindert und Nöte besänftigt. Aber man achtet gleichwohl nicht auf *die* Not. In bezug auf *die* Not herrscht inmitten der äußersten Not der höchsten Gefahr die Notlosigkeit. In Wahrheit, jedoch verhüllter Weise, ist die Notlosigkeit die eigentliche Not.

Alle haben Nöte. Keiner steht in *der* Not; denn *die* Gefahr scheint nicht zu bestehen. Gibt es Male, an denen wir *die* Not, die Herrschaft der Notlosigkeit, merken können? Es gibt die Merkmale. Nur achten wir nicht darauf.

Hunderttausende sterben in Massen. Sterben sie? Sie kommen um. Sie werden umgelegt. Sterben sie? Sie werden Bestandstücke eines Bestandes der Fabrikation von Leichen. Sterben sie? Sie werden in Vernichtungslagern unauffällig liquidiert. Und auch ohne Solches – Millionen verelenden jetzt in China durch den Hunger in ein Verenden.

Sterben aber heißt, den Tod in sein Wesen austragen. Sterben können heißt, diesen Austrag vermögen. Wir vermögen es nur, wenn unser Wesen das Wesen des Todes mag.

Doch inmitten der ungezählten Tode bleibt das Wesen des Todes verstellt. Der Tod ist weder das leere Nichts, noch ist er nur der Übergang von einem Seienden zu einem anderen. *Der Tod gehört in das aus dem Wesen des Seyns ereignete Dasein des Menschen.* So birgt er das Wesen des Seyns. Der Tod ist das höchste Gebirg der Wahrheit des Seyns selbst, das Gebirg, das in sich die Verborgenheit des Wesens des Seyns birgt und die Bergung seines Wesens versammelt. Darum vermag der Mensch den Tod nur und erst, wenn das Seyn selber aus der Wahrheit seines Wesens das Wesen des Menschen in das Wesen des Seyns vereignet. *Der Tod ist das Gebirg des Seyns im Gedicht der Welt.* Den Tod in seinem Wesen vermögen, heißt: sterben können. Diejenigen, die sterben können, sind erst die Sterblichen im tragenden Sinn dieses Wortes. Massenhafte Nöte zahlloser, grausig ungestorbener Tode überall – und gleichwohl ist das Wesen des Todes dem Menschen verstellt. Der Mensch ist noch nicht der Sterbliche.

Unermeßliche Leiden schleichen und rasen über die Erde. Immer noch steigt die Flut des Leids. Aber das Wesen des Schmerzes verbirgt sich. Der Schmerz ist der Riß, in den der Grundriß des Gevierts der Welt eingezeichnet ist. Aus diesem Grundriß empfängt das Große jene Größe, die zu groß ist für den Menschen. Im Riß des Schmerzes wahrt das hoch Gewährte sein Währen. Der Riß des Schmerzes reißt verhülltes Gehen der Gunst in eine ungebrauchte Ankunft der Huld. Überall bedrängen uns zahl- und maßlose Leiden. Wir aber sind schmerzlos, nicht vereignet dem Wesen des Schmerzes.

Eine grausige Verelendung geht um. Das Heer der Armen wächst und wächst. Aber das Wesen der Armut verbirgt sich. In ihr ereignet sich, daß das Einfache und Linde alles Wesenhaften unscheinbar zu dem Eigentum wird, worin die Dinge einer gewährten Welt wohnen mögen.

Der Tod, das Gebirg des Seyns, der Schmerz, der Grundriß des Seyns, die Armut, die Befreiung ins Eigentum des Seyns sind Merkmale, an denen die Gefahr merken läßt, daß *die* Not inmitten der riesigen Nöte ausbleibt, daß *die* Gefahr nicht als die Gefahr *ist*. Die Gefahr verbirgt sich, indem sie sich durch das Ge-Stell verstellt. Dieses selber wiederum verhüllt sich in dem, was es wesen läßt, in der Technik. Daran liegt es auch, daß unser Verhältnis zum Wesen der Technik so seltsam ist. Inwiefern ist es seltsam? Weil das Wesen der Technik nicht als das Ge-Stell und dessen Wesen nicht als die Gefahr und diese nicht als das Seyn selbst ans Licht kommt, deshalb mißdeuten wir gerade jetzt, wo alles doch von technischen Erscheinungen und Wirkungen der Technik mehr und mehr durchsetzt wird, überall noch die Technik. Wir denken über sie entweder zu kurz oder zu voreilig.

Wir könnten nämlich jetzt versucht sein, auf das, was über die Technik, über das Ge-Stell und die Gefahr erörtert wurde, kurzerhand folgendes zu erwidern: Daß die Technik eine Gefahr sei, verkündet man heutigentags allerorten eindringlich und laut genug. Viele gehen im Urteil schon weiter. Man behauptet, die Technik sei das Verhängnis für die höhere Kultur; denn sie zerre alles in die bloße Zivilisation hinab. Man sagt, die Technik sei die Katastrophe der modernen Welt. Deren sicherer Untergang wird aus der unaufhaltsamen Herrschaft der Technik errechnet.

Solche Urteile werden heute bald leidenschaftlich und warnend ausgerufen, bald zaghaft und mutlos geäußert. Sie bestimmen in vielerlei Spielarten das gängige Meinen über die Technik, ungeachtet dessen, daß man gleichzeitig und gierig dem neuesten Fortschritt der Technik nachrennt, vielleicht sogar nacheilen muß. Aber es ist nicht an dem, daß sich hier Urteil und Haltung im Verhältnis zur Technik widersprechen und daß der Widerspruch als Einwand gelten könnte. Was widerspricht sich nicht in unserem Dasein und ist trotzdem wirklich, wirklicher vielleicht als das glatte Folgerichtige? Wir achten jetzt bei den genannten Urteilen über die Technik nur darauf, wie sie die Technik vorstellen. Sie betrachten die Technik nicht nach der Hinsicht auf ihr Wesen und dessen Herkunft. Sie betrachten die Technik vielmehr aus der Absicht auf ihre Wirkung in bezug auf all das Wirkliche, von dem man meint, daß es außerhalb des Wesensbereiches der Technik für sich vorkomme: die Kultur, die Politik, die Sittlichkeit, die Religion. Man rechnet nach, wie die Technik, vermeintlich ein Wirkliches unter anderem, all das übrige Wirkliche angeht. Man verfolgt die Technik, wie sie das übrige Wirkliche herausfordert, wie sie es stellt, mit Gestellung befällt und es dabei zum Nutzen oder zum Schaden fördert oder verunstaltet. Man betrachtet die Technik technisch. Diese Betrachtungsweise entspricht zwar der Technik; sie unterstellt sich bereits der Macht des technischen Auswertens. Allein, darum gelangt auch das technische Urteilen über die Technik niemals in das Wesen der Technik. Es gelangt so wenig dahin, daß es sogar den Weg zum Wesensbereich der Technik im vorhinein verbaut. Die genannten Stellungnahmen haben das Wesen der Technik niemals bedacht. Weil ihre Aussagen nicht von dorther sprechen, bleiben die Beurteilungen äußerlich.

Darum verschlägt es nichts, ob man die Technik als Verhängnis verabscheut oder sie als den größten Fortschritt der Menschheit preist und sie als die Erlösung des Menschen verkündet. Die Haltung zur Technik bleibt verworren und darum vielspältig. Ohne den Schritt des Denkens zu wagen, der unser Menschenwesen dem Wesen der Technik (nicht nur ihrer Handhabung und Nutzung) aussetzt, würgt man sich von Fall zu Fall, von Lage zu Lage durch die Zwiespältigkeiten hindurch. Und genau durch dieses Gewürge versäumt man die Möglichkeit dessen, was man im Grunde erstrebt, die Technik durch menschliches Tun zu meistern und menschenwürdig zu lenken. Wie aber soll dies im großen Stil menschheitlich und in einem geschichtlichen Sinne jemals geschehen können, solange nicht einmal die Frage nach dem Wesen der Technik und ihrem Wesensverhältnis zum Menschenwesen ernst genommen wird? Solange wir noch nicht im geringsten merken, daß wir erst denkend den Wesensbereich der Technik aufschließen und betreten müssen, um dann innerhalb dieses Wesensraumes ausdrücklich technisch zu handeln und zu überlegen, solange können wir über die Technik keine sachgerechten Entscheidungen treffen.

Allein, es gibt doch Lehren über die Technik, die behaupten, sie sei weder etwas Böses noch etwas Gutes. Man sagt, die Technik sei neutral; alles hänge davon ab, was der Mensch mit der Technik anstelle und aus ihr mache; alles läge daran, ob der Mensch imstand sei, die Technik in der Hand zu behalten und so gewillt sei, die Technik höheren Zwecken zu unterstellen; alles entscheide sich daraus, ob der Mensch es vermöge, die Technik moralisch und religiös zu meistern oder nicht.

Dieser Stellungnahme zur Technik wird niemand den Ernst der Verantwortung absprechen. Und dennoch – auch diese Betrachtung der Technik denkt die Technik so wenig in ihrem Wesen wie die vorgenannten Stellungnahmen; denn wer die Technik für etwas Neutrales ausgibt, stellt sie erst recht nur als ein Instrument vor, womit anderes bewirkt und bestellt wird. Wer die Technik als etwas Neutrales nimmt, stellt sie wiederum nur instrumental und d. h. technisch vor. Doch im Technischen der Technik besteht nicht, sondern verbirgt sich nur ihr Wesen.

Das Wesen der Technik ist selber nichts Technisches. Freilich erwecken diejenigen, denen die Technik für etwas Neutrales gilt, den verfänglichen Anschein, als betrachteten gerade sie die Technik objektiv, wenn nicht gar an sich, nämlich frei von jeder Bewertung. Doch dieser Schein trügt. Man mag die Technik für etwas Teuflisches oder für etwas Göttliches oder für etwas Neutrales halten, man ist bei all diesem Vorstellen und Werten zum voraus und unwissentlich darin übereingekommen, daß die Technik ein Mittel sei für einen Zweck. Die Technik als Mittel genommen ist in die Hand des Menschen gelegt. Die Technik als Mittel vorgestellt gilt für ein Wirkliches unter vielem anderen Wirklichen. Wer die Technik als Mittel nimmt, wissentlich oder unwissentlich, scheint sie zwar in jedem Fall positiv einzuschätzen und eine würdige Auseinandersetzung mit ihr zu vollziehen. In Wahrheit wird jedoch die Technik, wo sie instrumental als Mittel oder gar Werkzeug gilt, in ihrem Wesen herabgewürdigt. Sie gilt als etwas Seiendes unter vielem anderen Seienden, während doch in ihr und als sie das Sein selber west. Wenn dagegen ein Denken versucht, das Wesen der Technik in der waltenden Versammlung eines universellen Stellens, d. h. im so zu denkenden Ge-Stell zu erfahren, dann liegt allerdings in solchem Denken der unausgesprochene Anspruch, das Wesen der Technik in einer Weise zu würdigen, die innerhalb des heutigen Denkens kaum mehr überboten werden kann. Die üblichen Meinungen über die Technik sind hier keineswegs erwähnt, um ihnen vorzurechnen, daß sie das Denken unterlassen, oder um zu bemängeln, daß sie nirgends in das Wesen der Technik reichen, oder gar um sie als Fehlurteile zu widerlegen. Das in vielen Spielarten herrschende und geschichtlich notwendige Meinen über die Technik ist jetzt einzig deshalb genannt, damit deutlich werde, wie die Herrschaft des Wesens der Technik auch und gerade das menschliche Vorstellen über sie in sein Geraff einbestellt.

Die Wesensgewalt der Technik beruht nicht zuerst in der Wirkung der Hochfrequenzmaschinen, sondern darin, daß sich die Technik dem menschlichen Vorstellen zunächst und zumeist nur technisch präsentiert. Das Wesen der Technik, das Ge-Stell, betreibt seine eigene Verstellung.

Diesem Sichverstellen des Ge-Stells ist man auch dort preisgegeben, wo man zuweilen dunkel spürt und für einen Augenblick klar zugibt, daß sich die Technik der bloßen Verwendung als Mittel längst entzogen habe, daß vielmehr die Technik selber umgekehrt den Menschen als ihr Instrument hinter sich her ziehe, sei es, daß der Mensch diesem Fortriß blindlings folgt, sei es, daß er unausgesetzt sich müht, die Technik nach ihrer Wirkung ins Heilsame und Nützliche zu wenden. Der Mensch ist dem rätselhaften Sichverbergen des Wesens der Technik auch dort noch preisgegeben, wo man eingesteht, daß die Technik am Ende doch mehr sei und anderes als ein Mittel in der Hand des Menschen.

Allein, die Technik ist nicht am Ende erst kein bloßes Instrument mehr, sondern von ihrem Wesensanfang her niemals ein Mittel in der Hand des Menschen gewesen. Sie hat sich im vorhinein der Behandlung als Mittel entzogen, obzwar der alltägliche Anschein des technischen Leistens und Wirkens ein Anderes vorgibt.

Doch wenn man hie und da verworren ahnt, die Technik könnte in Wahrheit etwas anderes sein als ein Mittel, zieht man sich doch nur mit Hilfe großtönender aber ungedachter Wörter aus dem Bannkreis eines dunklen Andrangs, der aus dem Wesen der Technik das Menschenwesen befallen hat. Man sagt, die Technik sei etwas Dämonisches. Man sagt, diese Dämonie der Technik bringe das Wollen und Handeln des Menschen in eine tragische Verstrickung. Man sollte in einer so dürftigen Zeit wie der unsrigen nicht Wörter herbeizerren, die der Sprache eines großdenkenden Zeitalters entstammen, wo gerade das Hochgedachte und nur dieses den Erscheinungsbereich der Götter, der δαίμονες, und des Schicksals, der τύχη, lichtete und wahrte. Das ratlose Erschrecken vor dem vermeintlich Dämonischen der Technik und ihren vermeintlich tragischen Folgen ist in Wahrheit die Angst vor dem Denken, das bedenkt, was *ist*, welches Denken außerhalb der Kunststücke und des Scharfsinns des Intellekts, aber auch außerhalb der Sentimentalität, nüchtern seine Pfade in das zu Denkende sucht. Die Technik ist in ihrem Wesen weder ein Mittel für einen Zweck, noch ist sie selber ein Zweck. Ihr Wesen waltet außerhalb des Bereiches von Zweck und Mittel, welcher Bereich durch das ursächliche Wirken bestimmt wird und so sich als der Bereich des Wirklichen umgrenzt. Die Technik ist in ihrem Wesen überhaupt kein Wirkliches neben anderem Wirklichen. Sie ist der verborgene Grundzug der Wirklichkeit alles jetzt Wirklichen. Der Grundzug der Wirklichkeit ist die Anwesenheit. Das Anwesen gehört in das Wesen des Seins selbst. Das Wesen der Technik ist das Seyn selber in der Wesensgestalt des Ge-Stells. Das Wesen des Ge-Stells aber ist *die Gefahr*. Doch bedenken wir klar: Das Ge-Stell ist nicht deshalb die Gefahr, weil es das Wesen der Technik ist und weil von der Technik bedrohliche und gefährliche Wirkungen ausgehen können. Die Gefahr ist das Ge-Stell nicht als Technik, sondern als das Seyn. Das Wesende der Gefahr ist das Seyn selbst, insofern es der Wahrheit seines Wesens mit der Vergessenheit dieses Wesens nachstellt. Weil das Wesen der Technik nichts Geringeres ist als das Seyn selbst, deshalb wird das Wesen der Technik mit dem befremdlichen Namen »das Ge-Stell« benannt.

Nachdem wir in einigen Zügen die Sache, das Wesen der Technik als das Sein des jetzt Seienden, bedacht haben, darf auch über den Namen für dieses Wesen der Technik, über das Wort »Ge-Stell« in der Kürze einiges gesagt werden.

Das Wort »stellen« entspricht dem griechischen θέσις, vorausgesetzt daß wir θέσις griechisch denken. Was heißt in diesem Falle »griechisch denken«? Es heißt: darauf achten, welche Lichtung des Wesens des Seyns in welcher Weise das Dasein der alten Griechen in den Anspruch genommen hat; heißt, im voraus bedenken, in welchem Geschick welcher Unverborgenheit des Seins die Griechen standen; denn gemäß dem Anspruch dieses Geschickes sprach ihre Sprache und spricht jedes Wort dieser Sprache. Solches Achten auf das Griechische ist um einiges schwieriger als das Betreiben von klassischer Philologie. Solches Achten ist darum auch mehr als diese Wissenschaft der Irre ausgesetzt. Griechisch denken heißt nicht: sich bloß nach den Lehren der klassischen Philologie richten. Hieße es nur dies, dann liefen wir Gefahr, das Denken und sein zu Denkendes an ein historisches Vorstellen auszuliefern, das als Wissenschaft davon lebt, seine verfänglichen Voraussetzungen nicht zu kennen. Was sagt das Wort θέσις, wenn wir es griechisch denken? θέσις heißt: stellen. Dieses Stellen entspricht der Φύσις, so zwar, daß es sich von der Φύσις her innerhalb ihres Bereiches und auf sie zu sich bestimmt. Dies deutet darauf hin, daß sich in der Φύσις selbst ein gewisser θέσις-Charakter verbirgt. In der Welt des Griechentums wird durch die Worte φύσει und θέσει ein Hauptunterschied ausgesprochen. Er betrifft die Weise, wie Anwesendes als solches anwest. Der Unterschied geht das Anwesen des Anwesenden an, d. h. das Sein. θέσει, θέσις ist demnach im Bezug zum Sein gedacht. So kündigt sich schon in der ersten Epoche der Seinsgeschichte das Verhältnis von Sein und Stellen an. Beachten wir dies, dann kann es im vorhinein nicht mehr befremden, wenn gar einmal in einer folgenden Epoche das Sein sich nach der Weise eines Stellens im Sinne des Ge-Stells ereignet, wobei wir, was immer wieder einzuschärfen ist, Ge- -Stell entsprechend wie Gewächs denken müssen und zwar Ge- -wächs als die Versammlung des Wachstums; Ge-Stell: die Versammlung des Stellens im Sinne des gekennzeichneten Nachstellens und Bestellens. Befremdlich ist nicht, daß das Wesen des Seins in ein Wesensverhältnis zum Stellen gelangt, befremdlich ist nur, daß man Jahrhunderte hindurch niemals diesen Verhältnissen nachgefragt hat. In welchem Sinne und in welcher Weise zeigt sich schon in der Frühe des Seinsgeschickes, daß im Sein, d. h. in der Φύσις ein θέσις-Charakter west?

Φύσις sagt: das von sich her sich lichtende Aufgehen, das aufgehend Anwesendes aus der Verborgenheit her in die Unverborgenheit vor-bringt. Φύσις ist das aus sich lichtend aufgehende Her-vor-bringen. Wir dürfen hier jedoch das Wort »hervorbringen« nicht in der ungefähren und allzu geläufigen Bedeutung meinen, die einer Erläuterung nicht zu bedürfen scheint. Vielmehr müssen wir das Her-vor-bringen streng in der einheitlichen Dimension denken, die durch Verborgenheit (Λήθη) und durch die Unverborgenheit (᾽Α-λήθεια) gefügt ist, die beide wesensmäßig einander verhalten, d. h. sich wechselweise in ihrem Wesen wahren. Her-vor-bringen, im Sinne der Φύσις griechisch gedacht, heißt: aus der Verborgenheit her, in die Unverborgenheit vor, bringen. Dieses Bringen meint: von sich her etwas ankommen und anwesen lassen.[p] Nur wenn Φύσις waltet, ist θέσις möglich und nötig. Denn nur wenn ein aus Hervorbringen An-gebrachtes anwest, kann auf solchem Anwesenden (z. B. dem Gestein) und aus diesem Anwesenden (Gestein) her durch ein menschliches Stellen, θέσις, ein anderes Anwesendes (eine Steintreppe und ihre Stufen) her und unter das schon Anwesende (den gewachsenen Fels und den Boden) hingestellt werden. Dieses Anwesende (die Steintreppe) west an in der Weise dessen, was durch menschliches Stellen (θέσις), das Herstellen, ständig wird. *Das θέσει Herständige west anders an als das φύσει Hervorgebrachte.* Gleichwohl liegt es nahe, auch das in der Φύσις Her- und Vor-gebrachte und so Anwesende als ein Her-ständiges vorzustellen. Das in der Φύσις Hervorgebrachte ist herständig ins Unverborgene nicht durch ein menschliches Herstellen[q], sondern durch das sich von sich her Hervorbringen. Das Bringen in der Weise der Φύσις ist jetzt das von sich aus Beistellen, ein Stellen, das von sich aus Anwesendes in die Unverborgenheit aufstellt. Φύσις, von sich her aufstellen im Unverborgenen, ist Anwesenlassen von Anwesen-

---

p Λόγος: Zum Vor-liegen-bringen, vor-liegen-lassen
q ποίησις

dem in der Unverborgenheit.ʳ Anwesenlassen von Anwesendem
ist Sein des Seienden. Dergestalt zeigt sich frühzeitig die Φύσις,
das von sich aus aufgehende Her-vor-bringen, im Charakter
eines Stellens, das nicht eine menschliche Leistung ist, wohl
dagegen dem menschlichen Her- und Vor-stellen Anwesendes
als solches zubringt, indem es zugleich Unverborgenheit zur
menschlichen Verfügung gibt, also bringend und gebend ein
Bergen in die Unverborgenheit zustellt. Aber dieses Stellen, das
von sich aus her-vor-bringende Währenlassen und Bergen, hat
noch nichts von den Zügen, die das Wesen des Seyns in jenem
Geschick zeigt, das es als das Ge-Stell ereignet.ˢ Gleichwohl
west das Stellen nach der Weise des nachstellend-bestellenden
Ge-Stells in einer verborgenen Herkunft aus – und in einer
Wesensverwandtschaft mit dem Stellen im Sinne der Φύσις.

Das Wort Ge-Stell nennt das Wesen der Technik. Nach der
Weise des Bestellens und Nachstellens west die Technik nicht
deshalb, weil das technische Verfahren Apparate baut und nützt,
die uns noch als »Gestelle« im Sinne von Gestängen und Gerätschaften erscheinen. Das Wesen der Technik trägt den Namen Ge-Stell, weil das im Ge-Stell genannte Stellen das Sein
selber ist, das Seyn jedoch im Beginn seines Geschickes sich als
die Φύσις, als das aus sich aufgehende her-vor-bringende Zu-
-Stellen sich gelichtet hat. Von diesem Wesen des Seyns, von der
Φύσις her, trägt das Seyn, das als das Ge-Stell west, seinen
Namen zu Lehen.

Die Wesensgenealogie des Ge-Stells als des Wesens der Technik reicht und zeigt in die Wesensherkunft des abendländisch-
europäischen und heute planetarischen Seinsgeschickes aus der
Φύσις, in der als verhülltes anfängliches Wesen des Seins die
Unverborgenheit des Anwesens anspricht. Dieser Anspruch
kommt seit der Frühzeit des Griechentums nicht mehr zum
Schweigen. Er hat zuletzt in dem gesprochen, was Nietzsche als

---

ʳ »Nähe-Bringen«; An-»wesen« währen
ˢ zweideutig!

den in der ewigen Wiederkehr des Gleichen wesenden Willen zur Macht ausspricht. Was der Denker vom Sein sagt, ist nicht seine Ansicht. Das Gesagte ist das durch ihn hindurch sprechende Echo des Anspruchs, als welcher das Seyn selbst west, in dem Es sich zur Sprache bringt.

Ein Echo zu sein, ist schwerer und darum seltener als Ansichten zu haben und Standpunkte zu vertreten. Ein Echo zu sein, ist das Leiden des Denkens. Dessen Leidenschaft ist die stille Nüchternheit. Sie ist unendlich schwieriger, weil gefährdeter als die vielberufene Sachlichkeit der wissenschaftlichen Forschung. Ein Echo zu sein, nämlich dem Anspruch des Seins, verlangt eine Sorgfalt der Sprache, von der freilich der technisch-terminologische Sprachstil der Wissenschaften überhaupt nichts wissen kann. Die Internationalität der wissenschaftlichen Sprache ist der stärkste Beweis für ihre Boden- und Heimatlosigkeit, was keineswegs besagt, daß die Bodenständigkeit und das Heimische der Sprache durch das bloß Nationale im geringsten schon gewährt und bestimmt oder gar gestiftet werde. Das Heimische einer hohen Sprache gedeiht nur im Bereich des unheimlichen Anspruchs der wesenhaften Stille im Wesen des Seyns.

Der Name Ge-Stell sagt, zur Technik gesprochen und von ihr denkend gehört, daß ihr Wesen eine Epoche des Seyns bestimmt, weil ihr Wesen, das Stellen, im anfänglichen Geschick des Seyns (Φύσις-Θέσις) beruht. Die in der Frühe des Seynsgeschickes im Wesen der Φύσις verborgene Θέσις, das Stellen, kommt in der späteren Epoche des neuzeitlichen Seinsgeschickes dort eigens zur Sprache, wo Kant, reines Echo des ihn angehenden Anspruchs des Seins des Seienden, das Wesen des Seins als »absolute Position«, als Gesetztheit und Gestelltheit des Gegenständigen, d. h. des Anwesenden ausspricht.[t]

Ge-Stell als gedachter Name des Wesens der Technik gesprochen und nicht als das sonst geläufige Wort mit dem Mißton des

---

[t] aber gesetzt von wem? Subjekt des Menschen? mit welchem Recht?

Widrigen oberflächlich genannt, sagt: Die Technik ist kein blo-ßes Produkt der Kultur und keine bloße Erscheinung der Zivilisation. Ihrem Wesen nach ist die Technik die aus sich waltende Versammlung des Stellens im Sinne des Bestellens von allem Anwesenden in den Bestand. Der Grundzug des bestellenden Stellens aber west in jenem Nachstellen, als welches das Seyn selbst seinem eigenen Wesen mit der Vergessenheit dieses Wesens nachstellt.[u] Das Seyn selber west, insofern es sich von seinem Wesen wegkehrt, indem es sich diesem Wesen mit der Vergessenheit seiner zukehrt.

[u] Weshalb? Wie aus dem Ereignis zu denken?

Die Kehre

Das Wesen des Ge-Stells ist das in sich gesammelte Stellen, das
seiner eigenen Wesenswahrheit mit der Vergessenheit nachstellt, welches Nachstellen sich dadurch verstellt, daß es sich in
das Bestellen alles Anwesenden als den Bestand entfaltet und
darin einrichtet und als dieser herrscht.

Das Ge-Stell west als die Gefahr. Aber ist die Gefahr schon
als die Gefahr? Nein. Fährnisse und Nöte bedrängen wohl
allerorten die Menschen übermäßig zu jeder Stunde. Aber die
Gefahr, nämlich das in der Wahrheit seines Wesens sich ge-
fährdende Seyn selbst, bleibt verhüllt und verstellt. Diese
Verstellung ist das Gefährlichste der Gefahr. Gemäß dieser Verstellung der Gefahr durch das Bestellen des Ge-Stells sieht es
immer noch und immer wieder so aus, als sei die Technik ein
Mittel in der Hand des Menschen. In Wahrheit aber ist jetzt das
Wesen des Menschen dahin bestellt, dem Wesen der Technik an
die Hand zu gehen.

Sagt dies, der Mensch sei der Technik ohnmächtig auf Ge-
deih und Verderb ausgeliefert? Nein. Es sagt das reine Gegenteil; nicht nur dies, sondern wesentlich mehr, weil Anderes.

Wenn das Ge-Stell ein Wesensgeschick des Seyns selbst ist,
dann dürfen wir vermuten, daß sich das Ge-Stell als eine
Wesensweise des Seyns unter anderen wandelt. Denn das Geschickliche im Geschick ist, daß es sich in die je eine Schickung
schickt. Sich schicken heißt: sich aufmachen, um sich zu fügen
in die gewiesene Weisung, auf die ein anderes noch verhülltes
Geschick wartet. Das Geschickliche geht in sich jeweils auf
einen ausgezeichneten Augenblick zu, der es in ein anderes
Geschick schickt, worin es jedoch nicht einfach unter und verloren geht. Noch sind wir zu unerfahren und zu unbedacht, um
das Wesen des Geschicklichen aus Geschick und Schickung und

Sichschicken zu denken. Noch sind wir zu leicht geneigt, weil gewohnt, das Geschickliche aus dem Geschehen und dieses als einen Ablauf von historisch feststellbaren Begebenheiten vorzustellen. Wir stellen die Geschichte in den Bereich des Geschehens, statt die Geschichte nach ihrer Wesensherkunft aus dem Geschick zu denken. Geschick aber ist wesenhaft Geschick des Seins, so zwar, daß das Sein selber sich schickt und je als ein Geschick west und demgemäß sich geschicklich wandelt. Wenn ein Wandel im Sein, d. h. jetzt im Wesen des Ge-Stells, sich ereignet, dann sagt dies keineswegs, die Technik, deren Wesen im Ge-Stell beruht, werde beseitigt. Sie wird weder niedergeschlagen noch gar zerschlagen.

Wenn das Wesen der Technik, das Ge-Stell als die Gefahr im Seyn, das Seyn selbst ist, dann läßt sich die Technik niemals durch ein bloß auf sich gestelltes menschliches Tun meistern, weder positiv noch negativ. Die Technik, deren Wesen das Sein selbst ist, läßt sich durch den Menschen niemals überwinden. Das hieße doch, der Mensch sei der Herr des Seins.

Weil jedoch das Seyn sich als Wesen der Technik in das Ge-
-Stell geschickt hat, zum Wesen des Seyns aber das Menschen-
wesen gehört, insofern das Wesen des Seyns das Menschenwesen braucht, um als Sein nach dem eigenen Wesen inmitten des Seienden gewahrt zu bleiben und so als das Seyn zu wesen, deshalb kann das Wesen der Technik nicht ohne die Mithilfe des Menschenwesens in den Wandel seines Geschickes geleitet werden. Dadurch wird jedoch die Technik nicht menschlich überwunden; wohl dagegen wird das Wesen der Technik in seine noch verborgene Wahrheit verwunden. Dieses Verwinden ist ähnlich dem, was geschieht, wenn im menschlichen Bereich ein Schmerz verwunden wird. Die Verwindung eines Seinsgeschik-
kes aber, hier und jetzt die Verwindung des Ge-Stells, ereignet sich jedesmal aus der Ankunft eines anderen Geschickes, das sich weder logisch-historisch vorausberechnen, noch metaphy-
sisch als Abfolge eines Prozesses der Geschichte konstruieren läßt; denn nie bestimmt das Geschichtliche oder gar das histo-

risch vorgestellte Geschehen das Geschick, sondern jedesmal ist
das Geschehen schon das Geschickliche eines Geschickes des
Seyns.

Zur Verwindung des Wesens der Technik wird allerdings der
Mensch gebraucht; aber der Mensch wird hier gebraucht in
seinem dieser Verwindung entsprechenden Wesen. Demgemäß
muß das Wesen des Menschen erst dem Wesen der Technik sich
öffnen, was ein völlig anderes Ereignis ist als der Vorgang, daß
die Menschen die Technik und ihre Mittel bejahen und fördern.
Damit aber das Menschenwesen achtsam werde auf das Wesen
der Technik, damit zwischen Technik und Mensch hinsichtlich
ihres Wesens sich ein Wesensverhältnis stifte, muß der neuzeitliche Mensch zuvor allererst einmal in die Weite seines Wesensraumes zurückfinden. Dieser Wesensraum des Menschenwesens aber empfängt seine ihn fügende Dimension einzig aus
demjenigen Verhältnis, als welches die Wahrnis des Seyns selbst
dem Wesen des Menschen als dem von ihm gebrauchten vereignet ist. Anders als so, daß nämlich der Mensch zuvor erst in
seinem Wesensraum sich anbaut und darin Wohnung nimmt,
vermag der Mensch nichts Wesenhaftes, innerhalb des jetzt
waltenden Geschickes. Wir beachten, dies bedenkend, ein Wort
des Meisters Eckhart, indem wir es aus seinem Grunde denken. Es lautet: »die nitt von grossem Wesen sind, was werk die
wirkend, da wirt nit us.« (Reden der Unterscheidung n. 4).[1]

Das große Wesen des Menschen beruht darin, daß es dem
Wesen des Seins zugehört, von diesem gebraucht ist, das Wesen
des Seins in seine Wahrheit zu wahren. Darum ist das zuerst
Nötige dies, daß wir zuvor das Wesen des Seins überhaupt erst
als das Denk-würdige bedenken, daß wir zuvor solches denkend
erfahren, daß wir zuvor solchem Erfahren einen Pfad spuren
und ihn in das bislang Unwegsame bahnen.

Dies alles vermögen wir nur, wenn wir über der anscheinend

---

[1] Meister Eckharts Reden der Unterscheidung. Herausgegeben von Ernst
Diederichs. (Anastatischer Nachdruck der Ausgabe von 1913). Bonn 1925. S. 8.

immer nächsten und allein dringlichen Frage, was sollen wir tun, erst und allein dies bedenken: Wie müssen wir denken; denn das Denken ist das eigentliche Handeln, wenn Handeln heißt: dem Wesen des Seyns an die Hand gehen, um ihm jene Stätte zu bereiten, in die es sich und sein Wesen zur Sprache bringt. Ohne die Sprache bleibt alles Überlegenwollen ohne jeden Weg und Steg. Ohne die Sprache fehlt jedem Tun jede Dimension, in der es sich umtun und wirken könnte. Sprache ist dabei niemals erst Ausdruck des Denkens, Fühlens und Wollens. Sprache ist die anfängliche Dimension, innerhalb derer das Menschenwesen überhaupt erst vermag, dem Sein und dessen Anspruch zu entsprechen und im Entsprechen dem Sein zu gehören. Dieses anfängliche Entsprechen, eigens vollzogen, ist das Denken. Denkend lernen wir erst das Wohnen in dem Bereich, in dem sich die Verwindung des Seinsgeschickes, die Verwindung des Ge-Stells, ereignet.

Das Wesen des Ge-Stells ist die Gefahr. Als die Gefahr kehrt sich das Sein in die Vergessenheit seines Wesens von diesem Wesen weg und kehrt sich so zugleich gegen die Wahrheit seines Wesens. In der Gefahr waltet dieses noch nicht bedachte Sichkehren. Im Wesen der Gefahr verbirgt sich darum die Möglichkeit einer Kehre, in der die Vergessenheit des Wesens des Seins sich so wendet, daß mit dieser Kehre die Wahrheit des Wesens des Seyns in das Seiende eigens einkehrt.

Vermutlich aber ereignet sich diese Kehre, diejenige der Vergessenheit des Seins zur Wahrnis des Wesens des Seyns, nur, wenn die in ihrem verborgenen Wesen kehrige Gefahr erst einmal als die Gefahr, die sie ist, eigens anwest. Vielleicht stehen wir bereits im vorausgeworfenen Schatten der Ankunft dieser Kehre. Wann und wie sie sich geschicklich ereignet, weiß niemand. Es ist auch nicht nötig, solches zu wissen. Ein Wissen dieser Art wäre sogar das Verderblichste für den Menschen, weil sein Wesen ist, der Wartende zu sein, der des Wesens des Seyns wartet, indem er es denkend hütet. Nur wenn der Mensch als der Hirt des Seins der Wahrheit des Seyns wartet, kann er überhaupt eine Ankunft des anderen Seinsgeschickes erwarten, ohne in das bloße Wissenwollen zu verfallen.

Wie aber ist es, wo die Gefahr als die Gefahr sich ereignet und so erst unverborgen die Gefahr ist? Um die Antwort auf diese Frage zu hören, achten wir auf den Wink, der in einem Wort Hölderlins aufgespart ist. In der Spätfassung der Hymne »Patmos« (IV,2,227)[2] sagt der Dichter am Beginn:

> »Wo aber Gefahr ist, wächst
> Das Rettende auch.«

Denken wir jetzt dieses Wort noch wesentlicher als der Dichter es dichtete, denken wir es aus in das Äußerste, dann sagt es:

Wo die Gefahr als die Gefahr ist, ist schon das Rettende. Dieses stellt sich nicht nebenher ein. Das Rettende steht nicht neben der Gefahr. Die Gefahr selber ist, wenn sie als die Gefahr ist, das Rettende. Die Gefahr ist das Rettende, insofern sie aus ihrem Wesen das Rettende bringt. Was heißt »retten«? Es besagt: lösen, freimachen, freyen, schonen, bergen, in die Hut nehmen, wahren. Lessing gebraucht noch das Wort Rettung betonterweise in dem Sinne von Rechtfertigung: in das Rechte, Wesenhafte zurückstellen und darin wahren. Das eigentlich Rettende ist das Wahrende, die Wahrnis.

Wo aber ist die Gefahr? Welches ist der Ort für sie? Insofern die Gefahr das Seyn selber ist, ist sie nirgendwo und überall. Sie hat keinen Ort. Sie ist selbst die ortlose Ortschaft alles Anwesens. Die Gefahr ist die Epoche des Seyns, wesend als das Ge-Stell.

Ist die Gefahr als die Gefahr, dann ereignet sich eigens ihr Wesen. Die Gefahr ist aber das Nachstellen, als welches das Seyn selber in der Weise des Ge-Stells der Wahrnis des Seyns mit der

---

[2] Hölderlin, Sämtliche Werke. Historisch-kritische Ausgabe, begonnen durch Norbert v. Hellingrath, fortgeführt durch Friedrich Seebass und Ludwig v. Pigenot. 2. Auflage, Berlin 1923.

Vergessenheit nachsetzt. Im Nachstellen west dies, daß das Seyn seine Wahrheit in die Vergessenheit ent-setzt, dergestalt, daß das Seyn sein Wesen verweigert. Wenn sonach die Gefahr als die Gefahr ist, dann ereignet sich eigens das Nachstellen, als welches das Seyn selber seiner Wahrheit mit der Vergessenheit nachstellt. Wenn dieses mit Vergessenheit-Nachstellen eigens sich ereignet, dann kehrt die Vergessenheit als solche ein. Dergestalt durch die Einkehr dem Entfallen entrissen, ist sie nicht mehr Vergessenheit. Bei solcher Einkehr ist die Vergessenheit der Wahrnis des Seyns nicht mehr die Vergessenheit des Seyns, sondern einkehrend kehrt sie sich in die Wahrnis des Seyns. Wenn die Gefahr als die Gefahr ist, ereignet sich mit der Kehre der Vergessenheit die Wahrnis des Seyns, ereignet sich Welt. Daß Welt sich ereigne als Welt, daß dinge das Ding, dies ist die ferne Ankunft des Wesens des Seyns selbst.

Das mit Vergessenheit sich nachstellende Sichverweigern der Wahrheit des Seyns birgt die noch ungewährte Gunst, daß dieses Sichnachstellen sich kehrt, daß in solcher Kehre die Vergessenheit sich wendet und zur Wahrnis des Wesens des Seyns wird, statt dieses Wesen in die Verstellung entfallen zu lassen. Im Wesen der Gefahr west und wohnt eine Gunst, nämlich die Gunst der Kehre der Vergessenheit des Seyns in die Wahrheit des Seyns. Im Wesen der Gefahr, wo sie als die Gefahr ist, ist die Kehre zur Wahrnis, ist diese Wahrnis selbst, ist das Rettende des Seyns.

Wenn in der Gefahr sich die Kehre ereignet, kann dies nur unvermittelt geschehen. Denn das Seyn hat nicht seinesgleichen neben sich. Es wird nicht von anderem bewirkt, noch wirkt es selbst. Seyn verläuft nicht und nie in einem kausalen Wirkungszusammenhang. Der Weise, wie es das Seyn selber sich schickt, geht nichts Bewirkendes als Seyn voraus und folgt keine Wirkung als Seyn nach. Steil aus seinem eigenen Wesen der Verborgenheit ereignet sich Seyn in seine Epoche. Darum müssen wir beachten: Die Kehre der Gefahr ereignet sich jäh. In der Kehre lichtet sich jäh die Lichtung des Wesens des Seyns.

Das jähe Sichlichten ist das Blitzen. Es bringt sich selbst in die mit- und eingebrachte eigene Helle. Wenn in der Kehre der Gefahr die Wahrheit des Seyns blitzt, lichtet sich das Wesen des Seyns; kehrt die Wahrheit des Wesens des Seyns ein. Wohin ereignet sich Einkehr? Nirgendwo anders hin als in das bislang aus der Vergessenheit seiner Wahrheit wesende Seyn selber. Dieses Seyn selber aber west als das Wesen der Technik. Das Wesen der Technik ist das Ge-Stell. Die Einkehr als Ereignis der Kehre der Vergessenheit kehrt in das ein, was jetzt die Epoche des Seyns ist. Das, was ist, ist keineswegs dieses oder jenes Seiende. Was eigentlich ist, und d. h. eigens im Ist wohnt und west, ist einzig das Seyn. Nur das Seyn »ist«, nur im Seyn und als Seyn ereignet sich, was das »ist« nennt; das was ist, ist das Seyn aus seinem Wesen.

»Blitzen« ist dem Wort und der Sache nach: blicken. Im Blick und als Blick tritt das Wesen in sein eigenes Leuchten. Durch das Element seines Leuchtens hindurch birgt der Blick sein Erblicktes in das Blicken zurück; das Blicken aber wahrt im Leuchten zugleich das verborgene Dunkel seiner Herkunft als das Ungelichtete. Einkehr des Blitzes der Wahrheit des Seyns ist Einblick. Die Wahrheit des Seyns dachten wir im Welten von Welt als das Spiegel-Spiel des Gevierts von Himmel und Erde, Sterblichen und Göttlichen. Wenn die Vergessenheit sich kehrt, wenn Welt als Wahrnis des Wesens des Seyns einkehrt, ereignet sich der Einblitz der Welt in die Verwahrlosung des Dinges. Diese ereignet sich in der Weise der Herrschaft des Ge-Stells. Einblitz von Welt in das Ge-Stell ist Einblitz der Wahrheit des Seyns in das wahrlose Sein. Einblitz ist Ereignis im Seyn selbst.

Einblick in das was ist – dieser Titel nennt jetzt das Ereignis der Kehre im Seyn, die Kehre der Verweigerung seines Wesens in das Ereignen seiner Wahrnis.[a] Einblick in das, was ist, ist das Ereignis selber, als welches die Wahrheit des Seyns zum wahrlosen Seyn sich verhält und steht. Einblick in das, was ist, – dies

---

[a] Ver-Hältnis

nennt die Konstellation im Wesen des Seyns. Diese Konstellation ist die Dimension, in der das Seyn als die Gefahr west. Zunächst und beinahe bis zuletzt schien es so, als bedeute »Einblick in das was ist« nur einen Blick, den wir Menschen von uns aus in das werfen, was ist. Das, was ist, nimmt man gewöhnlich als das Seiende, denn vom Seienden wird doch das »ist« ausgesagt. Jetzt aber hat sich alles gekehrt. Einblick nennt nicht unsere Einsicht, die wir in das Seiende nehmen, Einblick als Einblitz ist das Ereignis der Konstellation der Kehre im Wesen des Seyns selber in der Epoche des Ge-Stells. Das, was ist, ist keineswegs das Seiende. Denn dem Seienden wird das »es ist« und das »ist« nur insofern zugesprochen, als das Seiende hinsichtlich seines Seins angesprochen wird. Im »ist« wird »Sein« ausgesprochen; das, was ist in dem Sinne, daß es das Sein des Seienden ausmacht, ist das Sein.

Das Bestellen des Ge-Stells stellt sich vor das Ding, läßt es als Ding ungewahrt, wahrlos. So verstellt das Ge-Stell die im Ding nähernde Nähe von Welt. Das Ge-Stell verstellt sogar noch dieses sein Verstellen, so wie das Vergessen von etwas sich selber vergißt und sich in den Sog der Vergessenheit wegzieht. Das Ereignis der Vergessenheit läßt nicht nur in die Verborgenheit entfallen, sondern dieses Entfallen selbst entfällt mit in die Verborgenheit, die selber noch bei diesem Fallen wegfällt.

Und dennoch — in allem Verstellen des Ge-Stells lichtet sich noch der Lichtblick von Welt, blitzt Wahrheit des Seyns. Dann nämlich, wenn das Ge-Stell in seinem Wesen als die Gefahr sich lichtet. Im Ge-Stell noch als einem Wesensgeschick des Seins west ein Licht vom Blitz des Seyns. Das Ge-Stell ist, obzwar verschleiert, noch Blick, kein blindes Geschick im Sinne eines völlig verhangenen Verhängnisses.

Einblick in das was ist — so heißt der Blitz der Wahrheit des Seyns in das wahrlose Sein.

Wenn Einblick sich ereignet, dann sind die Menschen die vom Blitz des Seyns in ihr Wesen Getroffenen. Die Menschen sind die im Einblick Erblickten.

Erst wenn das Menschenwesen im Ereignis des Einblickes als das von diesem Erblickte dem menschlichen Eigensinn entsagt und sich dem Einblick zu, von sich weg, seiner sich ent-wirft, ent-spricht der Mensch in seinem Wesen dem Anspruch des Einblickes. So entsprechend ist der Mensch geeignet, daß er im gewahrten Element von Welt als der Sterbliche dem Göttlichen entgegenblickt. Anders nicht; denn auch der Gott ist, wenn er ist, ein Seiender, steht als Seiender im Seyn und dessen Wesen, das sich aus dem Welten von Welt ereignet.

Erst wenn Einblick sich ereignet, lichtet sich das Wesen der Technik als das Ge-Stell, erkennen wir, wie im Bestellen des Bestandes die Wahrheit des Seyns als Welt verweigert bleibt, merken wir, daß alles bloße Wollen und Tun nach der Weise des Bestellens in der Verwahrlosung beharrt. So bleibt denn auch alles bloße Ordnen der universalhistorisch vorgestellten Welt wahr- und bodenlos. Alle bloße Jagd auf die Zukunft, ihr Bild zu errechnen in der Weise, daß man halb gedachtes Gegenwärtiges in das verhüllte Kommende verlängert, bewegt sich selber noch in der Haltung des technisch-rechnenden Vorstellens. Alle Versuche, das bestehende Wirkliche morphologisch, psychologisch auf Verfall und Verlust, auf Verhängnis und Katastrophe, auf Untergang zu verrechnen, sind nur ein technisches Gebaren. Es operiert mit der Apparatur der Aufzählung von Symptomen, deren Bestand ins endlose vermehrt und immer neu variiert werden kann. Diese Analysen der Situation merken nicht, daß sie nur im Sinne und nach der Weise der technischen Zerstükkung arbeiten und so dem technischen Bewußtsein die ihm gemäße historisch-technische Darstellung des Geschehens liefern. Aber kein historisches Vorstellen der Geschichte als Geschehen bringt in den schicklichen Bezug zum Geschick.

Alles nur Technische gelangt nie in das Wesen der Technik. Es vermag nicht einmal seinen Vorhof zu kennen. Darum beschreiben wir, indem wir versuchen, den Einblick in das, was ist, zu sagen, nicht die Situation der Zeit. Die Konstellation des Seyns spreche uns an.

Aber wir hören noch nicht, wir, denen unter der Herrschaft der Technik Hören und Sehen durch Funk und Film vergeht. Die Konstellation des Seyns ist die Verweigerung von Welt als die Verwahrlosung des Dinges[b]. Verweigerung[c] ist nicht nichts, sie ist das höchste Geheimnis des Seyns innerhalb der Herrschaft des Ge-Stells.

Ob der Gott lebt oder tot bleibt, entscheidet sich nicht durch die Religiosität der Menschen und noch weniger durch theologische Aspirationen der Philosophie und der Naturwissenschaft. Ob Gott Gott ist, ereignet sich aus der Konstellation des Seyns und innerhalb ihrer. Solange wir nicht denkend erfahren, was ist, können wir nie dem gehören, was seyn wird.

Ereignet sich Einblick in das was ist?

Werden wir als die Erblickten in den Wesensblick des Seyns eingeholt, daß wir ihm nicht mehr entgehen? Gelangen wir so in das Wesen der Nähe, die im Ding dingend Welt nähert? Wohnen wir einheimisch in der Nähe, so daß wir anfänglich in das Geviert von Himmel und Erde, Sterblichen und Göttlichen gehören?

Ereignet sich Einblick in das was ist? Entsprechen wir dem Einblick durch ein Blicken, das in das Wesen der Technik blickt und in ihm das Seyn selbst gewahrt?

Sehen wir den Blitz des Seyns im Wesen der Technik? Den Blitz, der aus der Stille kommt als sie selbst? Die Stille stillt. Was stillt sie? Sie stillt Seyn in das Wesen von Welt.[d]

Daß Welt, weltend, das Nächste sei alles Nahen, das naht, indem es die Wahrheit des Seyns dem Menschenwesen nähert und so den Menschen dem Ereignis vereignet.

[b] Vergessen des Unterschieds; die Sprache
[c] Ver-Hältnis
[d] Sprache!

GRUNDSÄTZE DES DENKENS

Freiburger Vorträge 1957

I. Vortrag

Die Grundsätze des Denkens leiten und regeln die Tätigkeit des
Denkens. Man nennt sie deshalb auch die Denkgesetze. Zu
ihnen rechnet man den Satz der Identität, den Satz des Widerspruches, den Satz vom ausgeschlossenen Dritten. Nach der
geläufigen Meinung gelten die Denkgesetze für alles Denken,
gleichviel, was jeweils gedacht wird, und abgesehen davon, wie
das Denken dabei verfährt. Die Denkgesetze bedürfen keiner
Rücksicht, weder auf den Inhalt der jeweils bedachten Gegenstände, noch auf die Form, d. h. die Art des Denkverfahrens.
Inhaltlich leer, sind die Denkgesetze bloße Formen. In diesen
Denkformen bewegt sich das Bilden von Begriffen, das Fällen
von Urteilen, das Ziehen von Schlüssen. Die Leerformen des
Denkens lassen sich daher formelhaft darstellen. Der Satz der
Identität hat die Formel: A = A. Der Satz des Widerspruches
lautet: A ≠ nicht A. Der Satz vom ausgeschlossenen Dritten
fordert: X ist entweder A oder nicht A.

Die Formeln der Denkgesetze spielen auf eine seltsame Weise ineinander. Man hat denn auch versucht, sie auseinander
abzuleiten. Dies geschah auf mehrfache Weise. Der Satz des
Widerspruchs, A ≠ nicht A, wird als die negative Form des
positiven Satzes der Identität, A = A, vorgestellt. Aber auch
umgekehrt: Der Satz der Identität gilt, insofern er auf einer
verdeckten Entgegensetzung beruht, als die noch unentfaltete
Form des Satzes vom Widerspruch. Der Satz vom ausgeschlossenen Dritten ergibt sich entweder als die unmittelbare Folge
der beiden ersten, oder er wird als deren Zwischenglied aufge-
faßt. Was immer und wie auch immer man über die Denkgesetze verhandelt, man hält sie für unmittelbar einsichtig, meint
sogar häufig, dies müßte so sein. Denn die Grundsätze lassen
sich, recht besehen, nicht beweisen. Ist doch jeder Beweis schon

eine Tätigkeit des Denkens. Der Beweis steht also bereits unter den Denkgesetzen. Wie kann er sich da über sie stellen wollen, um erst ihre Wahrheit zu rechtfertigen? Aber auch dann, wenn wir die besondere Frage der Beweisbarkeit oder Unbeweisbarkeit der Denkgesetze für eine ungemäße Frage halten, bleibt die Schwierigkeit bestehen, daß wir uns bei der Betrachtung der Denkgesetze in einen Widerspruch verwickeln. Wir geraten den Denkgesetzen gegenüber in eine seltsame Lage. So oft wir nämlich versuchen, die Grundsätze des Denkens vor uns zu bringen, werden sie unausweichlich Thema unseres Denkens — und seiner Gesetze. Hinter uns, im Rücken gleichsam, stehen jederzeit schon die Gesetze des Denkens und lenken jeden Schritt des Nachdenkens über sie. Dieser Hinweis leuchtet auf den ersten Blick ein. Er scheint mit einem Schlag jeden Versuch, der die Gesetze des Denkens sachgerecht bedenken möchte, zu unterbinden.

Aber dieser Schein löst sich auf, sobald wir beachten, was in der Geschichte des abendländischen Denkens vorgefallen ist. Der Vorfall liegt, historisch gerechnet, kaum anderthalb Jahrhunderte zurück. Der Vorfall bekundet sich darin, daß durch die Anstrengung der Denker Fichte, Schelling und Hegel, vorbereitet durch Kant, das Denken in eine andere, nach gewissen Hinsichten höchste Dimension seiner Möglichkeiten gebracht wird. Das Denken wird wissentlich dialektisch. Im Bezirk dieser Dialektik bewegt sich auch, und zwar noch erregter von ihren unausgeloteten Tiefen angerührt, die dichterische Besinnung von Hölderlin und Novalis. Die theoretisch-spekulative, vollständig ausgeführte Entfaltung der Dialektik in die Geschlossenheit ihres Umkreises vollzieht sich im Werk Hegels, das betitelt ist »Wissenschaft der Logik«.

Der Vorfall, durch den das Denken in die Dimension der Dialektik eingeht, ist ein geschichtlicher. Demnach scheint er hinter uns zu liegen. Dieser Anschein besteht, weil wir es gewohnt sind, die Geschichte historisch vorzustellen. In den Gang der folgenden Vorträge wird immer wieder unser Verhältnis zur

Geschichte herüberspielen. Darum beachten wir im Vorblick darauf das Folgende.

Solange wir die Geschichte historisch vorstellen, erscheint sie als Geschehen, dieses jedoch im Nacheinander des Vorher und Nachher. Wir selbst finden uns in einer Gegenwart, durch die das Geschehen hindurchfließt. Von ihr aus wird das Vergangene auf das Gegenwärtige verrechnet. Für dieses wird das Künftige geplant. Die historische Vorstellung von der Geschichte als einem Nacheinander des Geschehens verwehrt es, zu erfahren, inwiefern die eigentliche Geschichte in einem wesenhaften Sinne stets Gegen-wart ist. Unter Gegenwart verstehen wir hier nicht das im momentanen Jetzt gerade Vorhandene. Gegen-wart ist das, was uns entgegenwartet, wartet, ob und wie wir uns ihr aussetzen oder uns dagegen verschließen. Was uns entgegen-wartet, kommt auf uns zu, ist die recht gedachte Zu-kunft. Sie durchwaltet die Gegen-wart als eine Zumutung, die das Da-sein des Menschen angeht, ihn so oder so anmutet, damit er sie, die Zu-kunft, in ihrem Anspruch vermute. Erst in der Luft solchen Vermutens gedeiht das Fragen, jenes wesenhafte Fragen, das zur Hervorbringung jedes gediegenen Werkes, auf welchem Feld auch immer, gehört.

Ein Werk ist nur Werk, indem es der Zumutung der Zu-kunft entspricht und dadurch das Gewesene in sein verborgenes Wesen befreit, überliefert. Die große Überlieferung kommt als Zu-kunft auf uns zu. Sie wird niemals durch das Verrechnen des Vergangenen zu dem, was sie ist: Zumutung, Anspruch. Gleich wie jedes große Werk selber dasjenige Menschengeschlecht erst erwecken und herausbilden muß, das jeweils die im Werk verborgene Welt ins Freie bringt, so muß die Hervorbringung des Werkes ihrerseits in die ihm zugesprochene Überlieferung voraushören. Was man das Schöpferische und Geniale eines Werkes zu nennen pflegt, entstammt nicht einem Aufwallen von Gefühlen und Einfällen aus dem Unbewußten, es ist vielmehr der wache Gehorsam zur Geschichte, welcher Gehorsam in der reinen Freiheit des Hörenkönnens beruht.

Eigentliche Geschichte ist Gegen-wart. Gegen-wart ist Zukunft als Zumutung des Anfänglichen, d. h. des schon Währenden, Wesenden und seiner verborgenen Versammlung. Gegen-wart ist der uns an-gehende Anspruch des Gewesenen. Wenn man sagt, im Grunde bringe die Geschichte nichts Neues, dann ist die Aussage unwahr, falls sie meint, es gäbe immer nur das immergleiche Einerlei. Sagt der Satz: Es gibt unter der Sonne nichts Neues, jedoch dieses: Es gibt nur das Alte in der unerschöpflichen Verwandlungsgewalt des Anfänglichen, dann trifft der Satz das Wesen der Geschichte. Sie ist Ankunft des Gewesenen. Dieses, das Schon-Wesende und nur dieses kommt auf uns zu. Das Vergangene jedoch geht von uns weg. Für das historische Rechnen ist die Geschichte das Vergangene und die Gegenwart das Aktuelle. Allein, das Aktuelle bleibt das ewig Zukunftlose. Wir sind überschwemmt von Historie und finden nur selten den Einblick in die Geschichte. Zeitungs-, Rundfunk-, Fernseh- und Taschenbücherwesen sind die heute maßgebenden und zugleich planetarischen Formen der historischen Verrechnung des Vergangenen, d. h. seiner Aktualisierung ins Aktuelle. Es wäre Verblendung, wollte man diese Vorgänge verwerfen, Verblendung auch, sie blindlings zu fördern, statt sie in ihrem Wesen zu bedenken. Denn diese Vorgänge gehören zu unserer Geschichte, in das, was auf uns zukommt.

Geschichtlich nennen wir nun auch den Vorfall, daß das Denken in die Dimension der Dialektik eingegangen ist.

Was heißt dies, die Dialektik sei eine Dimension? Vorerst bleibt unklar, was Dialektik ist und was die hier gebrauchte Rede von der Dimension meint. Wir kennen dergleichen wie Dimensionen aus dem Gebiet des Raumes. Dimension kann soviel bedeuten wie Ausdehnung: eine Industrieanlage von großen Dimensionen, d. h. Abmessungen. Wir sprechen aber auch von dem uns vertrauten dreidimensionalen Raum. Die Fläche ist im Unterschied zur Linie eine andere Dimension. Aber diese schiebt sich nicht bloß an jene an, sondern die Fläche ist in bezug auf die Linienmannigfaltigkeit ein anderer, diese Mannigfaltigkeit in sich aufnehmender Bezirk der Maßgabe für sie. Das Gleiche gilt für den Körper in bezug auf die Flächenmannigfaltigkeit. Körper, Fläche, Linie enthalten eine je verschiedene Maßgabe. Lassen wir die Einschränkung auf den Raum fallen, dann erweist sich die Dimension als der Bezirk einer Maßgabe. Dabei sind Maßgabe und Bezirk nicht zwei verschiedene oder gar getrennte Sachen, sondern eine und dieselbe. Die Maßgabe ergibt und öffnet jeweils einen Bezirk, worin die Maßgabe zuhause ist und so das sein kann, was sie ist.

Wenn wir die Dialektik als Dimension des Denkens kennzeichnen und sie sogar als die im Geschichtsgang der Metaphysik höchste Dimension des Denkens anerkennen müssen, dann sagt dies jetzt: Dadurch, daß das Denken dialektisch wird, gelangt es in einen bisher verschlossenen Bezirk der Maßgabe für die Umgrenzung seines eigenen Wesens. Durch die Dialektik gewinnt das Denken jenen Bezirk, innerhalb dessen es sich selber vollständig denken kann. Dadurch kommt das Denken erst zu sich selbst. Innerhalb der Dimension der Dialektik wird auf eine begründete Weise offenbar, daß und wie zum Denken nicht nur die Möglichkeit, sondern die Notwendigkeit gehört, sich selbst zu denken, sich in sich zu spiegeln, zu reflektieren. Weshalb und auf welche Weise das Denken Reflexion ist, kommt erst in der Dimension der Dialektik ganz zum Vorschein. Dadurch aber, daß das Denken sich selbst denkt und als Denken sich denken muß, sondert sich das Denken als Vorstellen keineswegs von seinen Gegenständen ab; vielmehr gewinnt es so erst die Vermittelung und die zureichende Einigung mit den Gegenständen. Darum ist der dialektische Prozeß des Denkens keine bloße Abfolge von Vorstellungen im menschlichen Bewußtsein, die sich psychologisch beobachten lassen. Der dialektische Prozeß ist die Grundbewegung im Ganzen des Gegenständlichen aller Gegenstände, d. h. im neuzeitlich verstandenen Sein. Der Vorfall, daß unser abendländisch-europäisches Denken die ihm seit Platon vorgezeichnete Dimension der Dialektik erreicht hat, ist ein weltgeschichtlicher. Er kommt überall als Gegenwart in verschiedenen Gestalten auf den Menschen dieses Zeitalters zu.

Welche Bedeutung hat nun aber der genannte Vorfall für die Aufgabe, die uns hier angehen soll: für das Nachdenken über die Denkgesetze? In der gebotenen Kürze zusammengefaßt, lautet die Antwort: Durch den Eingang des Denkens in die Dimension der Dialektik hat sich die Möglichkeit geöffnet, die Denkgesetze in den Bezirk einer gründlicheren Maßgabe zu rücken. Im Gesichtskreis der Dialektik gewinnen die Grundsätze des Denkens eine gewandelte Gestalt. Hegel zeigt, daß die genannten Denkgesetze mehr und anderes setzen, als was das geläufige Vorstellen unmittelbar in ihren Formeln findet. Es findet nämlich nichts dabei. So gilt die Formel für den Satz der Identität A = A dem gewöhnlichen Verstand als ein nichts sagender Satz. Hegel zeigt jedoch: Dieser Satz, A ist A, könnte gar nicht setzen, was er setzt, wenn er die leere Selbigkeit des A mit sich selbst nicht schon durchbrochen und wenigstens A ihm selbst, dem A, entgegengesetzt hätte. Der Satz könnte nicht einmal ein Satz, d. h. stets eine Zusammensetzung sein, wenn er nicht zuvor das preisgäbe, was er zu setzen vorgibt, nämlich A als die völlig leere und darum auch nie weiter entfaltbare Selbigkeit von Etwas mit sich selbst, A als die Identität und zwar die abstrakte. So kann denn Hegel sagen: »Es liegt also in der *Form des Satzes*, in der die Identität ausgedrückt ist, *mehr* als die einfache, abstrakte Identität.« (Wissenschaft der Logik, II. Buch, Lass. Bd. II, S. 31)[1].

Hegel hat nun aber in seiner »Logik« nicht nur die reichere und auf ihren Grund zurückgebrachte Wahrheit der Denkgesetze sichtbar gemacht, sondern er hat zugleich und auf eine unwiderlegbare Weise dargetan, daß unser geläufiges Denken gerade dort, wo es sich für das richtige ausgibt, die Denkgesetze gar nicht befolgt, sondern ihnen fortgesetzt widerspricht. Dies

---

[1] G. W. F. Hegel, Wissenschaft der Logik. Herausgegeben von Georg Lasson. Zweiter Teil. Leipzig 1923.

erweist sich jedoch nur als eine Folge des Sachverhaltes, daß alles, was ist, den Widerspruch zu seinem Grund hat, was Hegel oft und auf eine vielfältige Weise ausspricht. Einmal durch den Satz: »er [der Widerspruch] ist die Wurzel aller Bewegung und Lebendigkeit; nur insofern etwas in sich selbst einen Widerspruch hat, bewegt es sich, hat Trieb und Tätigkeit.«[2] Bekannter, weil eingängiger und darum oft angeführt, ist der Gedanke Hegels über das Verhältnis von Leben und Tod. Dieser, der Tod, gilt gewöhnlich als die Vernichtung und Verwüstung des Lebens. Der Tod steht zum Leben im Widerspruch. Der Widerspruch reißt Leben und Tod auseinander, der Widerspruch ist die Zerrissenheit beider. Hegel sagt jedoch (in der Vorrede zur »Phänomenologie des Geistes«): »Aber nicht das Leben, das sich vor dem Tode scheut und vor der Verwüstung rein bewahrt, sondern das ihn erträgt, und in ihm sich erhält, ist das Leben des Geistes. Er [der Geist] gewinnt seine Wahrheit nur, indem er in der absoluten Zerrissenheit [d. h. im Widerspruch] sich selbst findet« (ed. Hoffmeister S. 29/30).[3] Und Hölderlins spätes Gedicht »In lieblicher Bläue blühet . . .« schließt mit dem Wort: »Leben ist Tod, und Tod ist auch ein Leben.«[4] Hier enthüllt sich der Widerspruch als das Einigende und Währende. Dem scheint zu widersprechen, was Novalis in einem seiner Fragmente schreibt (Wasmuth, Bd. III, 1125): »den Satz des Widerspruchs zu vernichten ist vielleicht die höchste Aufgabe der höheren Logik.«[5] Aber der denkende Dichter will sagen: Der Satz der gewöhnlichen Logik, nämlich das Gesetz vom zu vermeidenden Widerspruch, muß vernichtet und so der Wider-

---

[2] a.a.O., S. 58.

[3] G. W. F. Hegel, Phänomenologie des Geistes. Nach dem Text der Originalausgabe herausgegeben von Johannes Hoffmeister. 4. Auflage, Leipzig 1937.

[4] Hölderlin, Sämtliche Werke. Historisch-kritische Ausgabe, begonnen durch Norbert v. Hellingrath, fortgeführt durch Friedrich Seebass und Ludwig v. Pigenot. 2. Auflage, Berlin 1923. IV. Band, S. 27.

[5] Novalis, Briefe und Werke. Hrsg. von Ewald Wasmuth. Berlin 1943. Band III, S. 330, Fragment 1125.

spruch als Grundzug alles Wirklichen gerade zur Geltung gebracht werden. Novalis sagt hier genau das Selbe, was Hegel denkt: den Satz des Widerspruchs vernichten, um den Widerspruch als Gesetz der Wirklichkeit des Wirklichen zu retten.

Durch den Hinweis auf Hegels dialektische Auslegung der Denkgesetze, wonach sie mehr sagen als ihre Formeln, deren Aussage vom dialektischen Denken niemals befolgt wird, kommen erregende Sachverhalte zum Vorschein, deren zureichende Kenntnis, deren entscheidende Erfahrung noch nicht an das Ohr des geläufigen Denkens gelangt. Hierüber dürfen wir uns freilich nicht wundern. Wenn schon Hegel selber denjenigen Teil seiner »Logik«, der von den Denkgesetzen handelt, den »schwersten« nennt (Encycl. § 114)[6], wie sollen dann erst wir ohne jede Vorbereitung zu jener Dimension hinfinden, in der durch die Dialektik die Denkgesetze und deren Begründung fragwürdig werden?

Zwar vermerkt man, sobald heute von Dialektik die Rede ist, daß es einen dialektischen Materialismus gibt. Man hält ihn für eine Weltanschauung, gibt ihn als Ideologie aus. Doch wir gehen mit dieser Feststellung dem Nachdenken aus dem Weg, statt zu erkennen: Die Dialektik ist heute eine, vielleicht sogar die Weltwirklichkeit. Hegels Dialektik ist einer der Gedanken, die – von weither angestimmt – »die Welt lenken«, gleichmächtig dort, wo der dialektische Materialismus geglaubt, wie dort, wo er – nur in einem leicht abgewandelten Stil des selben Denkens – widerlegt wird. Hinter dieser, wie man sagt, weltanschaulichen Auseinandersetzung tobt der Kampf um die Erdherrschaft. Hinter diesem Kampf jedoch waltet ein Streit, in den das abendländische Denken selber mit sich selbst verstrickt ist. Sein letzter Triumph, in den es sich auszubreiten beginnt, besteht darin, daß dieses Denken die Natur zur Preisgabe der Atomenergie gezwungen hat.

---

[6] G. W. F. Hegel, Encyclopädie der Wissenschaften im Grundrisse. In zweiter Auflage herausgegeben von Georg Lasson. Leipzig 1911. S. 128.

Ist es da noch abwegig oder gar weltfremd, wenn wir an das Denken – denken und eine Besinnung auf seine Grundsätze versuchen? Vielleicht kommen wir damit dem Denken auf seinen Grund. Vielleicht kommen wir ihm auch nur auf die Spur, damit wir rechtzeitig noch die Gewalt des Denkens spüren, die jedes mögliche Quantum von Atomenergie unendlich, d. h. dem Wesen nach übertrifft. Die Natur könnte nämlich nie als der Energiebestand erscheinen, als welche sie jetzt vorgestellt wird, wenn die Atomenergie nicht mit durch das Denken herausgefordert, d. h. durch das Denken ge-stellt würde. Die Atomenergie ist der Gegenstand einer Errechnung und Steuerung, die durch eine wissenschaftliche Technik, die sich Kernphysik nennt, geleistet wird. Daß jedoch die Physik dahin gelangt, die Natur auf diese Weise zu stellen, ist – falls nicht noch anderes – ein meta-physischer Vorfall.

Wenn es nun aber dahin käme, daß die denkenden Wesen durch die Atomenergie ausgelöscht würden, wo bliebe dann das Denken? Was ist dann mächtiger, die Naturenergie in ihrer technisch-maschinenhaften Gestalt oder das Denken? Oder hat keines der beiden, die in diesem Fall zusammengehören, einen Vorrang? Ist dann überhaupt noch etwas, wenn alles sterbliche Wesen des Menschen auf der Erde ausgelöscht »ist«?

Waltender als die Macht der Naturenergie und des Naturdenkens ist schon und bleibt zum voraus der Gedanke, dem ein Denken folgte, indem es die Natur auf die Atomenergie hin verfolgte. Solche Gedanken werden nicht erst durch unser sterbliches Denken gemacht, dieses wird vielmehr stets nur von jenen Gedanken in den Anspruch genommen, daß es ihm entspreche oder entsage. Nicht wir, die Menschen, kommen auf die Gedanken, die Gedanken kommen zu uns Sterblichen, deren Wesen auf das Denken als seinen Grund gesetzt ist. Wer aber denkt diese Gedanken, die uns besuchen? – so werden wir alsbald fragen, in der Annahme, diese Frage sei deshalb schon sachgerecht gefragt, weil sie sich uns unmittelbar aufdrängt. Uns – wer sind wir – wenn wir uns so unmittelbar meinen? Wie wollen wir uns auf solche Gedanken einlassen, ohne in den Grundsätzen des Denkens erfahren zu sein?

»Grundsätze des Denkens« – wir beginnen mit einer Erläuterung des Titels der Vorträge. Durch die Erläuterung kann sich der Weg für die folgenden Gedankengänge öffnen. Die Erläuterung sucht das Lautere. Lauter nennen wir die Luft, das Wasser, sofern sie nicht getrübt sind und deshalb durchsichtig. Aber es gibt auch lauteres Gold, was durchaus undurchsichtig bleibt. Das Lautere ist das Ungetrübte in dem Sinne, daß jede Beimischung von Nichtdazugehörigem wegfällt. Wir läutern den Titel »Grundsätze des Denkens«, um das Nichthergehörige fernzuhalten. Es geschieht dadurch, daß wir in diejenigen Bestimmungen gelangen, die der Titel als Titel der folgenden Vorträge nennen möchte. Die Erläuterung des Titels bringt uns so auf den Weg eines Denkens, das dem Denken nach-denkt. »Grundsätze des Denkens« bedeutet zum ersten: Gesetze für das Denken. Dieses steht mit all seinen Urteilen, Begriffen und Schlüssen unter den Gesetzen, wird von diesen geregelt. Das Denken ist das von den Grundsätzen betroffene Objekt. Der Genitiv in der Wendung des Titels »Grundsätze des Denkens« besagt: Grundsätze für das Denken. Er ist ein genitivus obiectivus.

Indessen zeigt sich sogleich ein Zweites. Sätze von der Art wie A = A, A ≠ nicht A, sind Grundformen des Denkens, Sätze, durch die es sich selber in seine Form bringt. Die Grundsätze erweisen sich so als das Objekt, das durch das Denken gesetzt ist. Dieses selber bekundet sich als das Subjekt der Setzung der Grundsätze. Kant hat nach dem Vorgang Descartes' in der Kritik der reinen Vernunft sichtbar gemacht, daß und wie alles Denken wesenhaft ein »*Ich* denke . . .« ist. Alles in jedem Denken Vorgestellte ist als solches auf ein »Ich-denke« zurückbezogen, genauer gesprochen, alles Vorgestellte ist zum voraus mit diesem Bezug auf das Ich-denke überzogen. Waltete in unserem Denken nicht durchgängig dieser selbe Rückbezug auf das selbe Ich, das denkt, dann vermöchten wir nie etwas zu denken. Für alles Denken muß das Ich im »Ich denke« mit sich einig und das selbe sein.

Fichte hat diesen Sachverhalt in die Form gebracht »Ich = Ich«. Im Unterschied zur Formel für den Satz der Identität A = A, der formal für jedes beliebig Vorstellbare gilt, ist der Satz »Ich = Ich« inhaltlich bestimmt, ähnlich dem Satz, den wir z. B. von jedem einzelnen Baum sagen können: »Baum = Baum«. Fichte zeigt nun aber in seiner »Wissenschaftslehre« von 1794, daß der Satz »der Baum ist Baum« keineswegs dem Satz »Ich bin Ich« gleichgeordnet werden darf. Natürlich nicht, werden wir sagen, denn ein Baum und mein »Ich« sind etwas inhaltlich Verschiedenes. Indes fallen doch alle Sätze dieser Form, Baum = Baum, Punkt = Punkt, Ich = Ich unter den formal leeren und deshalb allgemeinsten Satz A = A. Allein, gerade dies ist nach Fichte ausgeschlossen. Vielmehr ist der Satz »Ich bin Ich« die Aussage für jene Tathandlung des Ich, d. h. des Subjekts, durch die erst der Satz A = A gesetzt wird. Der Satz Ich = Ich ist umfassender als der formal allgemeine Satz A = A –, ein erregender Sachverhalt, über den wir keineswegs zuviel sagen, wenn wir behaupten, das, woran er rührt, sei bis zur Stunde nicht ins Reine und d. h. für das Denken stets, in seine anfängliche Fragwürdigkeit gebracht.

Das Denken ist zuerst nicht Objekt für die Grundsätze, sondern ihr Subjekt. Der Genitiv im Titel »Grundsätze des Denkens« ist ein genitivus subiectivus. Aber die Grundsätze sind solche doch auch für das Denken, gehen es an. Der Genitiv im Titel ist auch ein genitivus obiectivus. Darum sagen wir vorsichtiger: Der Titel »Grundsätze des Denkens« kündigt etwas Doppeldeutiges an. Darum stellt er uns vor folgende Fragen, die ineinander verkettet sind: Können wir und müssen wir den Titel zu einer Eindeutigkeit bringen und ihn demgemäß entweder als genitivus obiectivus oder nur als genitivus subiectivus deuten? Oder müssen wir dieses »Entweder-Oder« fahren und statt seiner das »Sowohl-als auch« gelten lassen? Das »Sowohl-als auch« ist eine gern aufgesuchte Zuflucht des Denkens, wenn es darauf rechnet, ins Fraglose auszuweichen.

Das bloße »Sowohl-als auch« ist jedoch nur der Vorwand, das

Weiterdenken abzuwehren. Wo es sich indes darum handelt, dem Denken und seinen Grundsätzen nachzudenken, kann das »Sowohl-als auch« keine Antwort sein, sondern nur der Anlauf zur Frage: Wie steht es mit dem Denken selbst, wenn es sowohl Subjekt seiner Grundsätze als auch deren Objekt sein soll?

Grundsätze des Denkens — schon eine grobe Erläuterung des Titels schafft eine Unruhe, die wir nicht wieder beschwichtigen möchten. Damit sie unser Nachsinnen wecke, gehen wir den vorigen Gedankengang noch einmal in einer abgewandelten Weise. Wir fragen: Gilt der Satz der Identität in der Formel $A = A$ deshalb, weil das Denken als »Ich denke . . .« ihn setzt, oder muß das Denken diesen Satz setzen, weil $A = A$ ist? Was heißt hier »ist«? Stammen die Grundsätze des Denkens aus dem Denken? Oder stammt das Denken aus dem, was seine Grundsätze setzen? Was heißt hier »setzen«? Wir sagen z. B. »gesetzt den Fall« und meinen: angenommen, etwas verhalte sich so und so. Aber das Setzen der Grundsätze ist offensichtlich keine bloße Annahme. Die Grundsätze setzen etwas fest und zwar zum voraus und für alle Fälle. Sie sind demnach Voraussetzungen. Gewiß, aber auch mit diesem Wort gehen wir sehr freigebig und nachlässig um, ohne zu bedenken, wer oder was hier und auf welche Weise »setzt« und wohin »voraus« das also Gesetzte gesetzt wird. Die Grundsätze des Denkens setzen jedoch als Denkgesetze das, was sie setzen, unwiderruflich fest. Sie bilden gleichsam die Festung, worin das Denken alle seine Unternehmungen im vorhinein sichert. Oder sind die Grundsätze des Denkens — denken wir an das von Hegel über sie Gesagte — keine feste Burg für das Denken? Bedürfen die Grundsätze ihrerseits einer Geborgenheit und Bergung? Wo aber sind sie geborgen? Woher stammen sie? Welches ist der Ort der Herkunft der Grundsätze des Denkens? Jeder, der heute behaupten wollte, diese Frage sei einhellig entschieden, der schwindelt. Er gibt etwas für Wissenschaft aus, die keine ist, keine sein kann, weil keine Wissenschaft dorthin reicht, wo der Ort der Herkunft der Grundsätze des Denkens vielleicht erörtert werden könnte. Gestehen wir es ruhig ein: Die Herkunft der Grundsätze des Denkens, der Ort des Denkens, das diese Sätze setzt, das Wesen des hier genannten Ortes und seiner Ortschaft, all dieses bleibt für uns in ein Dunkel gehüllt. Diese Dunkelheit ist vielleicht bei allem Denken jederzeit im Spiel. Der Mensch kann sie nicht beseitigen. Er muß vielmehr lernen, das Dunkle als das Unumgängliche anzuerkennen und von ihm jene Vorurteile fernzuhalten, die das hohe Walten des Dunklen zerstören. So hält sich das Dunkle geschieden von der Finsternis als der bloßen und völligen Abwesenheit von Licht. Das Dunkle aber ist das Geheimnis des Lichten. Das Dunkle behält das Lichte bei sich. Dieses gehört zu jenem. Darum hat das Dunkle seine eigene Lauterkeit. Hölderlin, der alte Weisheit wahrhaft wußte, sagt in der dritten Strophe seines Gedichtes »Andenken«:

> »Es reiche aber,
> Des dunklen Lichtes voll,
> Mir einer den duftenden Becher«,[7]

Das Licht ist nicht mehr Lichtung, wenn das Lichte in eine bloße Helle, »heller als tausend Sonnen«, auseinanderfährt. Schwer bleibt es, die Lauterkeit des Dunklen zu wahren, d. h. die Beimischung der ungehörigen Helle fernzuhalten und die dem Dunkel allein gemäße Helle zu finden. Laotse sagt (Kap. XXVIII, übersetzt von V. v. Strauß)[8]: »Wer seine Helle kennt, sich in sein Dunkel hüllt.« Dazu fügen wir die Wahrheit, die alle kennen, doch wenige vermögen: Sterbliches Denken muß in das Dunkel der Brunnentiefe sich hinablassen, um bei Tag den Stern zu sehen. Schwerer bleibt es, die Lauterkeit des Dunklen zu wahren als eine Helle beizuschaffen, die nur als solche scheinen will. Was nur scheinen will, leuchtet nicht. Die

---

[7] Hölderlin, Sämtliche Werke (ed. Hellingrath). 2. Aufl., Berlin 1923. IV. Band, S. 61.

[8] Laò-Tsè's Taò Te King. Aus dem Chinesischen ins Deutsche übersetzt, eingeleitet und commentirt von Victor von Strauss. Leipzig 1924. XXVIII. Kapitel, S. 140.

schulmäßige Darstellung der Lehre von den Denkgesetzen will jedoch so scheinen, als leuchteten der Inhalt dieser Gesetze und ihre absolute Geltung unmittelbar für jedermann ein.

Indes führte uns schon die erste Erläuterung des Titels »Grundsätze des Denkens« alsbald ins Dunkle. Woher die Grundsätze stammen, ob aus dem Denken selbst oder aus dem, was das Denken im Grunde zu bedenken hat, ob gar aus keiner dieser beiden sich alsbald anbietenden Quellen, das verbirgt sich uns. Überdies haben die Denkgesetze durch Hegels dialektische Auslegung des Denkens ihre bis dahin gültige Gestalt und Rolle eingebüßt. Der Eingang des Denkens in die Dimension der Dialektik verwehrt uns aber vor allem, künftig noch so leichthin von »dem« Denken zu reden. »Das« Denken gibt es ohnehin nirgends. Wenn wir das Denken als ein allgemein menschliches Vermögen vorstellen, dann wird es zu einem phantastischen Gebilde. Berufen wir uns jedoch darauf, daß in unserem Zeitalter überall auf der Erde eine gleichförmige Denkweise zur weltgeschichtlichen Herrschaft gelange, dann müssen wir gleichentschieden im Blick behalten, daß dieses gleichförmige Denken nur die eingeebnete und nutzbar gemachte Form jener geschichtlichen Gestalt des Denkens ist, das wir das abendländisch-europäische nennen, dessen geschickhafte Einzigartigkeit wir kaum erst erfahren und selten genug wahrhaben wollen.

In einer frühen, aus seinem Nachlaß veröffentlichten Schrift erklärt Karl Marx, daß »die *ganze sogenannte Weltgeschichte* nichts anderes ist als die Erzeugung des Menschen durch die menschliche Arbeit, als das Werden der Natur für den Menschen« (Die Frühschriften I, 1932, S. 307)[9]. Viele werden diese Deutung der Weltgeschichte und die ihr zugrundeliegende Vorstellung vom Wesen des Menschen zurückweisen. Aber niemand kann leugnen, daß Technik, Industrie und Wirtschaft

[9] Karl Marx, Die Frühschriften. Herausgegeben von Siegfried Landshut. Zwei Bände. Stuttgart 1932.

heute maßgebend als Arbeit der Selbstproduktion des Menschen alle Wirklichkeit des Wirklichen bestimmen. Allein, mit dieser Feststellung fallen wir bereits aus derjenigen Dimension des Denkens heraus, in der sich die angeführte Aussage von Marx über die Weltgeschichte als »die Arbeit der Selbstproduktion des Menschen« bewegt. Denn das Wort »Arbeit« meint hier nicht die bloße Betätigung und Leistung. Das Wort spricht im Sinne von Hegels Begriff der Arbeit, die als der Grundzug des dialektischen Prozesses gedacht ist, durch den das Werden des Wirklichen dessen Wirklichkeit entfaltet und vollendet. Daß Marx im Gegensatz zu Hegel das Wesen der Wirklichkeit nicht im absoluten sich selbst begreifenden Geist sieht, sondern in dem sich selbst und seine Lebensmittel produzierenden Menschen, bringt Marx zwar in einen äußersten Gegensatz zu Hegel, aber durch diesen Gegensatz bleibt Marx innerhalb der Metaphysik Hegels; denn Leben und Walten der Wirklichkeit ist überall der Arbeitsprozeß als Dialektik und d. h. als Denken, insofern das eigentlich Produktive jeder Produktion das Denken bleibt, mag das Denken als spekulativ-metaphysisches oder als wissenschaftlich-technisches oder als Gemisch und Vergröberung beider genommen und vollzogen werden. Jede Pro-duktion ist in sich schon Re-flexion, ist Denken.

Wagen wir also, was der Titel andeutet, *das* Denken zu bedenken, dann hat die Rede von *dem* Denken nur einen verläßlichen Sinn, wenn wir das Denken überall und nur als jenes erfahren, das unser geschichtliches Dasein bestimmt. Sobald wir diesem Denken grundsätzlich nachzudenken versuchen, finden wir uns schon in das Gezüge und die Bezüge unserer Geschichte und d. h. der gegenwärtigen Weltgeschichte eingewiesen. Erst wenn wir in unserem Denken, in seiner Wesensweite genügend erfahren sind, vermögen wir es, ein anderes Denken als fremdes anzuerkennen und es als Befremdendes in seiner fruchtbaren Befremdlichkeit anzuhören. Das Denken aber, das, selber geschichtlich, heute die Weltgeschichte bestimmt, stammt nicht von heute, ist älter als das bloße Vergangene, weht uns in seinen ältesten Gedanken aus einer Nähe an, deren Spur wir deshalb nicht spüren, weil wir meinen, das, was uns eigentlich, d. h. im Wesen angehe, sei das Aktuelle.

II. Vortrag
und Wiederholung zum I. Vortrag

Niemand darf von uns fordern, wir sollten denken wie die Philosophen. Aber es könnte, wer weiß woher, von uns erwartet werden, daß wir lernen, zu unterscheiden, weil sich Unterschiede entfachen, durch die hindurch wir in das Einfache zurück- und einkehren, damit wir es, das Einfache, als das Erstaunliche nie wieder preisgeben. Auf irgendeine Weise denken wir alle und sind doch allesamt unerfahren darin, daß und wie Grund--Sätze des Denkens bewegen oder gar zur Ruhe bringen.

Der im gegenwärtigen Zeitalter tobende Sturm des weltgeschichtlichen Kampfes um die Erdherrschaft hat zu seiner Mitte die Windstille eines Streites, in den das abendländisch--europäische Denken aus seinem Anfang her verstrickt bleibt. Es ist der wesenhafte Streit des Denkens mit dem, von woher es geheißen wird, das zu denken, was es denkt, und so zu denken, wie es denkt. Die Stricke aber, durch die es in diesen Ur-Streit verstrickt wurde, sind von der Art jener, die Hölderlin einmal nennt, wenn er im Blick auf das Verhältnis zwischen den Göttern und den Sterblichen dichterisch frägt:

> »Wer war es, der zuerst
> Die Liebesbande verderbt
> Und Stricke von ihnen gemacht hat?«
>
> (Der Rhein, VII Str.)[1]

Wann immer und wie immer wir versuchen, dem Denken nachzudenken, jedesmal zeigt uns schon eine grobe Überlegung: Das Denken gibt es nicht. Das Denken, von dem allein die Rede sein kann, ist der verborgene innerste Streitfall unserer Geschichte.

---

[1] Hölderlin, Sämtliche Werke (ed. Hellingrath). 2. Auflage, Berlin 1923. IV. Band, S. 175.

Das Denken ist das Geschichtliche dieser Geschichte, somit in sich selber geschichtlich.

Zunächst erwies sich der Titel »Grundsätze des Denkens« als mehrdeutig im Sinne der Doppeldeutigkeit, die der Genitiv als genitivus obiectivus und genitivus subiectivus mit sich bringt. Jetzt wird klar: Der Genitiv im Titel ist noch in einer ganz anderen Weise mehrdeutig und darum verfänglich.

Das Denken, dessen Grundsätze uns angehen möchten, scheint das Denken schlechthin zu sein, absolut und universal genommen. In Wahrheit ist aber dieses Denken auf die Geschichtlichkeit der abendländisch-europäischen Geschichte eingeschränkt, zugleich jedoch als dieses eingeschränkte zum Grundzug der modernen Welttechnik unseres planetarischen Zeitalters entschränkt. Sagen wir: »das« Denken, dann kann dies meinen: denken als allgemein menschliche Tätigkeit; es kann aber auch bedeuten: das Denken als ein einzigartiges Geschick der abendländischen Menschheit.

Die zuerst genannte Mehrdeutigkeit des Titels »Grundsätze des Denkens« ist eine anscheinend nur grammatische Doppeldeutigkeit des Genitivs. Die jetzt genannte Mehrdeutigkeit ist eine Zweideutigkeit, hinter der sich eine weltgeschichtliche Unentschiedenheit über das Wesen des Denkens abspielt. Diese Zweideutigkeit steht jedoch keineswegs nur neben jener Doppeldeutigkeit. Vielmehr stammen die eine wie die andere Mehrdeutigkeit aus der selben Quelle, der wir nachfragen müssen. Demgemäß ist der mehrfach mehrdeutige Titel der Vorträge, falls wir ihn jetzt nachdenklicher hören, ein Wink in die Frage, wie wir es mit dem Denken halten, ob wir geneigt sind, es aus Grundsätzen zu erfahren.

Gesetzt also, das Denken sei in sich selber nicht nur geschichtlich bestimmend, sondern seinerseits geschickhaft bestimmt, muß dann nicht jede Besinnung auf das in sich geschichtliche Denken ihrerseits in den selben Fall gelangen, d. h. geschichtlich sein? Sagt dies aber dann nicht, wir müßten uns erst einen umfassenden und eindringenden historischen

Überblick über die Geschichte des abendländischen Denkens verschaffen, bevor wir es wagen dürften, dem Denken nachzudenken? Nein.

Historische Kenntnisse bringen uns nicht in die Geschichte der Gedanken, welche die Welt lenken. Historische Kenntnisse stellen früher Gedachtes als das Vergangene vor, bieten den Beleg für die Vergangenheit, bezeugen aber noch keine Geschichtlichkeit. Auch wenn die Vorstellungen über das Vergangene historisch-philologisch richtig, somit innerhalb der Grenzen der Wissenschaft gesichert sind, selbst wenn wir diese richtigen Vorstellungen über das Vergangene zum Zweck eines Vergleiches mit dem Heutigen auf dieses anwenden, kommt es immer noch nicht dahin, daß früher Gedachtes uns angeht, indem es uns gerade aus den historischen Vorstellungen über das Denken hinaushebt. Hinaus wohin?

Historische Kenntnisse über das vormals Gedachte verbürgen – für sich genommen und gespeichert – noch nicht, daß wir uns mit unserem ganzen Wesen in das Denken schicken, das die ältesten Gedanken des abendländischen Denkens über uns hinweg uns zu-denken und so auf uns zu-kommen. Indes kommen sie. Sie bleiben unterwegs in der Ankunft, auch wenn wir ihrer nicht achten, weil wir nur davon besessen sind, die heutige Situation zu analysieren, um die folgende planen zu können. Eines ist der Betrieb der fortlaufenden Analyse der Situation, ein anderes der verhaltene geschichtliche Blick in die Konstellation. Das ist die Gegenwart, die uns zuspricht, daß und wie die ältesten abendländischen Gedanken – still waltend wie an ihrem frühesten Tag – das Wesen der modernen Welttechnik be-stimmen und austragen.

Nietzsche sagt von denjenigen Gedanken, welche »die Welt lenken«, daß sie »mit Taubenfüßen kommen«[2]. So bedarf es

---

[2] Nietzsche, Also sprach Zarathustra. (Zweiter Theil. Die stille Stunde.) Nietzsche' Werke (Großoktavausgabe). Band VI, Leipzig 1923. S. 217.
Vgl. auch: Der Wille zur Macht, Vorwort. A.a.O., Band XV (3. Aufl. 1922), S. 4.

denn eines feinen Gehörs, um das Kommen und die Herkunft des weltlenkenden Denkens zu vernehmen. Fein ist das geschichtliche Gehör, wenn es auf den Zuspruch anspricht. Um so anzusprechen, muß das Hören frei, d. h. offen sein in die Weite des Geschickes, dem das Gehör zugesprochen ist. Solches Hören in die Herkunft der uns zugedachten Gedanken muß vor allem anderen jene Form des Vorstellens abgelegt haben, der zufolge sich das Hören selber nur als den Akt eines Subjekts versteht, das seine Objekte oder, was hier gleichviel gilt, andere Subjekte in seine Sphäre hereinzieht. In dieses Schema der Subjekt-Objekt- bzw. Subjekt-Subjekt-Relation gehört auch die heute arg strapazierte Ich-Du-Beziehung. Die hierin maßgebenden Vorstellungen bleiben in der Auffassung des Menschen als eines Subjekts, d. h. im Cartesianismus hängen.

Solange man dieser Vorstellung vom Menschen als einem Subjekt oder einer Person huldigt, verschließt sich das Denken gegen die Ankunft des uns zugesprochenen Geschickes. Man kann dann folgerichtig behaupten, jedes Sprechen mit der Geschichte sei, weil es doch von einem Subjekt veranstaltet wird, stets nur ein selbstgemachter Monolog. Diese Meinung geht jedermann leicht ein, weil man es gewohnt ist, den Menschen als ein Subjekt vorzustellen. Die Loslösung aus dieser unzureichenden Vorstellung vom Menschen gelingt nicht, solange wir uns darauf verlegen, Beweisgründe dafür beizuschaffen, daß die Vorstellung falsch sei. Die Loslösung aus dieser Vorstellung verlangt das Einfache, daß wir sie zugunsten einer Erfahrung preisgeben, in der wir uns schon aufhalten. Diese läßt sich in aller Kürze so sagen: Wir erblicken nur das, wovon wir selber schon angeblickt sind. Damit dieses Verhältnis zwischen Anblick und Erblicken rein walten kann, müssen wir den Standort im Menschen als einem Subjekt und damit die Subjekt-Objekt-Beziehung verlassen und in eine ursprünglichere Dimension des Menschenwesens zurückgefunden haben. Wir erblicken nur, was uns schon und zwar ohne unser Wissen und Zutun angeblickt hat. Wir hören nur das, dem wir schon zugehören, insofern wir in dessen Anspruch stehen. Aber gerade in diesem Verhältnis von Anblick, Anspruch auf der einen und erblicken, hören auf der anderen Seite haust die Gefahr, daß wir uns im Hören verhören, im Erblicken verblicken und versehen und einer Willkür anheimfallen.

Das Verhältnis zu dem, was als Anblick und Anspruch uns angeht, auf uns zukommt, Gegen-wart und so eigentliches Geschick und Geschichte ist, das Verhältnis zur Geschichte bleibt so einfach, wie es für uns Heutige noch schwierig zu erlangen und zu behalten ist. Der Grund dieser Schwierigkeit liegt nicht nur in der Vorstellung vom Menschen als einem Subjekt, sondern auch in der Vorstellung von der Geschichte als einem Gegenstand und Gebilde der Historie und des historischen Bewußtseins. Beide Vorstellungsweisen, diejenige vom Menschen als einem Subjekt und diejenige von der Geschichte als Historie, gehören zusammen in die selbe Verwandtschaft. Sie sind neuzeitlicher Herkunft und erlangen ihre äußerste einheitliche Entfaltung in der Dialektik. Das Mittelalter kennt ein historisches Bewußtsein im streng gedachten Sinne so wenig wie die Antike die Vorstellung vom Menschen als einem Subjekt. Daß man jedoch ohne Hemmung beide Vorstellungsweisen in das Mittelalter und in die Antike hineininterpretiert, von den entsprechenden Auslegungen zu schweigen, dies hat seinen einfachen Grund in der ungebrochenen Herrschaft des historischen und subjektiven Vorstellens. Das Subjekt des historischen Vorstellens der Geschichte ist in dem jeweilig modernsten Selbstbewußtsein unseres Zeitalters zu suchen.

Angesichts der ungebrochenen Herrschaft der Subjektivität und der Historie bleibt es ein Glücksfall, wenn wir durch das Zeitalter hindurch die leisen Schritte der weltlenkenden Gedanken vernehmen, um ihnen aus ihrer Zu-kunft in ihre Herkunft zu folgen, damit ihre Ankunft uns angehe.

Das Denken, das die Weltgeschichte jetzt bestimmt und selbst geschicklicher ist als der Verlauf welthistorischer Begebenheiten, spricht uns nur dann zum Nachdenken an, wenn es sich uns in seinem Anspruch überliefert. Während wir dies sagen, drängt sich ein Bedenken auf, das so unmittelbar einleuchtet, daß wir es nicht länger auf die Seite schieben können. Man gibt uns das Folgende zu bedenken.

Wie soll denn eine Überlieferung zu uns gelangen, wenn nicht durch die Historie? Wie soll die Historie sicher arbeiten, wenn nicht in der methodischen Form der historisch-philologischen Wissenschaften? Allein, die Überlieferung, d. h. dies, daß ein Anspruch des Gewesenen sich ins Freie bringt und so die Geschichte uns an-spricht, solche Überlieferung beruht nicht auf historischen Kenntnissen, die wir beischaffen, sondern alle Historie ist jeweils nur eine besondere Art des technisch-praktischen Ausformens und Darstellens der Überlieferung. Alle Historie bedarf der Geschichte. Aber die Geschichte braucht nicht notwendig die Historie. Deshalb leben Völker, die keine Historie kennen, gleichwohl geschichtlich, vielleicht sogar in einem tieferen Sinne. Wir Heutigen sind es freilich nur noch weithin gewohnt, die Titel Geschichte und Historie unterschiedslos bald gegenständlich, bald erkenntnismäßig zu verstehen.

Das Land, das R. Descartes, den Begründer der Lehre von der Subjektivität des Menschenwesens, zu seinen großen Denkern zählt, hat in seiner Sprache kein Wort für Geschichte, um sie gegen die Historie abzugrenzen. Kein Einsichtiger wird behaupten wollen, dies sei Zufall. Dort, wo eine Sprache ihr Wesentliches zu sagen hat, gibt es keinen Zufall.

Weil wir die Worte Geschichte und Historie und die zugehörigen Vorstellungsweisen und Sachen unachtsam ständig durcheinanderwerfen, unvermögend zu einer wesenhaften Unterscheidung, konnte sich die Meinung festsetzen, Menschengeschlechter und Völkerschaften, die keine Historie kennen, lebten deshalb auch geschichtslos. Desselben Stils — nur die Kehrseite — ist die Meinung, mit der Verleugnung oder Überwindung der Vormacht der Historie werde auch schon die

Geschichtlichkeit eines Daseins ausgelöscht, werde die Geschichte und deren Überlieferung wesenlos. Dagegen sagen wir erneut und versuchen dies durch das Folgende in die Erfahrung zu bringen: Dasjenige Denken, das die jetzige Weltgeschichte *be*stimmt, weil es selber geschichtlich *ge*-stimmt ist, spricht unser Nachdenken nur an, wenn es sich uns in seinem Anspruch überliefert.

Demnach erweist sich unser Vorhaben, das Denken aus seinen Grundsätzen zu erfahren, als ein geschichtliches Wagnis. Dies bleibt weit entfernt von der Anmaßung, absolut gültige Gesetze »des« Denkens zu verkünden. Allzu deutlich wird nun aber auch, daß der Titel »Grundsätze des Denkens« das geschichtliche Vorhaben dieser Vorträge reichlich unbestimmt anzeigt. Die Erläuterung des Titels hat uns, wenn es hoch kommt, vielleicht an den Weg, aber keinesfalls auf den Weg der Vorträge gebracht. Eine Erläuterung des bloßen Titels kann auch ihrer Art nach noch gar nicht auf die Sache eingehen. Die gegebene Erläuterung bleibt notgedrungen eine Vorkehrung für das Vorgehen, wird aber noch nicht die Einkehr in die Sache, d. h. den Streit, in den das abendländische Denken anfänglich verstrickt ist. Es müßte denn sein, daß der Titel »Grundsätze des Denkens« seine ganz eigene Sprache spricht, eine Sprache, die dem Titel die Rolle eines bloßen Titels nimmt und ihm den Sprachcharakter eines An-spruchs gibt.

Allzu lange reden wir jetzt schon vom Denken, ohne zuvor eine brauchbare Klärung dessen beigebracht zu haben, was dies heißt: Denken.

Sogar wenn wir zugeben, sei es aus Einsicht und frei, sei es widerwillig und mit Zweifeln, daß unser abendländisches Denken nicht nur eine Geschichte *hat*, sondern selbst ein, vielleicht der Grundzug der heutigen Weltgeschichte *ist*, dürfen wir vor allem weiteren Vorgehen und für dieses eine genügende Auskunft darüber verlangen, was man im allgemeinen unter Denken versteht. Wir müssen dies sogar verlangen, falls wir nicht in einem verschwommenen Gebrauch des Wortes »denken« umhertaumeln sollen. Freilich müssen wir zugleich auch im Blick behalten, daß sogar noch die geläufige und abgeschliffene Vorstellung vom Denken aus der geschichtlichen Überlieferung lebt. Darum müssen wir uns bereit machen, auf den Weg zu gelangen, den die Überlieferung aus der Frühzeit der Geschichte des Denkens in der Richtung auf unsere Gegenwart eingeschlagen hat und einhält.

Wie sollen wir nun aber den Weg finden zu einer hinreichenden Kennzeichnung dessen, was nach der Überlieferung das Denken ist? Gibt es für diesen Weg einen Wegweiser? Allerdings. Er steht so unscheinbar und frei vor uns, daß wir leicht an ihm vorbeigehen, ohne seine Weisung genau zu lesen. (Mit den Wegweisern ist es überdies eine eigene Sache. Sie geben zwar eine Weisung, bleiben jedoch auf dem Weg zurück. Statt mit uns zu gehen, überlassen sie uns dem eigenen Versuch, den Weg zu gehen.)

Von altersher und noch für die neuzeitliche Dialektik bis in unsere Tage trägt das Nachsinnen über das Denken den Namen »Logik«. Dieses Wort »Logik« ist der Wegweiser. Logik ist der Name für das Wissen, das den λόγος betrifft. Die Logik gilt nun aber als die Lehre vom Denken. Dementsprechend zeigt sich uns der Grundzug des Denkens im λόγος. Wenn ein Denken logisch ist, hält es sich in seiner Ordnung. Für das heutige Denken ist die Logik noch logischer geworden, weshalb sie sich den abgewandelten Namen »Logistik« gegeben hat. Unter diesem Namen beschafft sich die Logik vermutlich ihre letzte und d. h. universale, planetarische Herrschaftsform. Diese kommt im Weltalter der Technik in der Gestalt der Maschine zur Erscheinung. Die Rechenmaschinen, die in der Wirtschaft und Industrie, in den Forschungsinstituten der Wissenschaft und in den Organisationszentren der Politik in Betrieb gesetzt sind, dürfen wir freilich nicht nur als Apparaturen vorstellen, die zur Beschleunigung des Rechnens benutzt werden. Vielmehr ist die Denkmaschine in sich bereits die Folge einer Umsetzung des Denkens in jene

Denkweise, die als bloßes Rechnen die Übersetzung in die Maschinerie jener Maschinen herausfordert. Darum sehen wir an dem, was hier als Veränderung des Denkens vor sich geht, vorbei, solange sich uns nicht der Blick dafür öffnet, daß das Denken logistisch werden mußte, weil es anfänglich logisch ist.

Inwiefern muß das Denken logisch sein? Logisch heißt hier: dem λόγος gemäß. Das Denken muß logisch sein, weil sein Wesen vom λόγος her bestimmt ist. Der λόγος kommt uns in der Sache und im Wort von den alten Griechen zu. Was sagt das griechische Wort λόγος? Seinem Wortcharakter nach ist es, grammatisch erklärt, das Hauptwort zum Zeitwort λέγειν. Dies bedeutet: sammeln, zusammenlegen. Im λόγος handelt es sich gleichermaßen um ein Sammeln wie um ein Legen. Nötig ist allerdings, daß wir den übersetzenden deutschen Wörtern sammeln und legen die griechische Erfahrungsweise unterlegen, damit wir die Wörter als Übersetzung für λόγος nachdenken können. Das griechische λέγειν spricht auch noch im Namen Dialektik; διαλέγεσθαι bedeutet: im Zusammenlegen etwas durchgehen. Solches Legen, das alles durchgeht, heißt in unserer Sprache: Überlegen; dies besagt: über etwas nachdenken und so das Gedachte belegen. Wenn man es immer noch nicht merken will, dann möge dieser Hinweis erneut zeigen: Nach dem Spruch unserer eigenen Sprache hat das Denken als Überlegen, Darlegen, Auslegen, Belegen, Festlegen unweigerlich mit dem »Legen« zu tun und zwar im Sinne des λέγειν und des λόγος. Aus diesem Hinweis auf den Zusammenhang zwischen λόγος, Legen und Denken erfahren wir freilich noch nicht, in welcher Weise die Logik den λόγος als den Grundzug des Denkens aus--legt und so fest-legt.

Sobald wir dem nachfragen, entsteht der Anschein, als verlören wir uns nun doch in einen historischen Bericht über vergangene Bemühungen der alten griechischen Denker, das Denken vom λόγος her zu bestimmen. Allein, der λόγος des antiken Denkens ist so wenig antiquiert, daß er so gut wie in

den alten auch in den modernsten Erscheinungen der Weltgeschichte gegenwärtig bleibt. Was wären ohne den λόγος die
Theologie, die Soziologie, die Physiologie, die Zoologie, die Mi-
neralogie? Der λόγος spricht durch alle Wissenschaften hindurch, mögen ihre Titel das Wort λόγος bei sich führen oder
nicht. Der λόγος spricht vollends in der Technologie, wenn wir
darunter das Ganze der Wissenschaften verstehen, dadurch die
Technik im engeren Sinne begründet wird. Aber nicht nur in
den Wissenschaften jeglicher Art, sondern durchgängig in unserem Vorstellen, Rechnen, Wollen und Betreiben, in jedem
Sinnen und Trachten spricht der λόγος. Zugespitzt und für man-
ches Ohr kaum erträglich muß es gleichwohl hinausgesprochen
sein: Wir mögen in der elektrischen Straßenbahn fahren oder
im Auto, im Flugzeug fliegen oder im Kino und vor dem Fern-
sehapparat sitzen, wir mögen den Kühlschrank benutzen oder
den Staubsauger, überall halten wir uns im Bereich des λόγος
auf, den die Logik erstmals und seit langem zu begreifen sucht.
Was heute als verborgenes Wesen der modernen Technik auf uns
zukommt, dieses Wesen, nicht erst die einzelnen technischen
Einrichtungen, trägt das Gesicht und das Gepräge des λόγος.
Uns fehlen noch die Augen, um das Wesens-Gesicht des λόγος
schon zu sehen, seinen Anblick auszuhalten und für diesen den
gemäßen Gegenblick aufzubringen. In bezug auf die mögliche
Erfahrung der Wesensherkunft dessen, was das Wort λόγος
nennt, gilt ein Wort Stefan Georges vom Jahre 1919, das in eine
späte Zeit hinausdenkt:

> »Horch was die dumpfe erde spricht:
> Du frei wie vogel oder fisch —
> Worin du hängst, das weisst du nicht.
>
> Vielleicht entdeckt ein spätrer mund:
> Du sassest mit an unsrem tisch
> Du zehrtest mit von unsrem pfund.
>
> Dir kam ein schön und neu gesicht
> Doch zeit ward alt, heut lebt kein mann

Ob er je kommt das weisst du nicht

Der dies gesicht noch sehen kann.«
(Das Neue Reich, S. 129)[3]

Der λόγος wird durch die Logik als die Lehre vom Denken
ausgelegt. Das Wesen des Denkens ruht und schwingt im Wesen
des λόγος. Was lehrt die Logik über den λόγος? Die Antwort
müßte weitläufig ausfallen, dürften wir uns für den Weg dieser
Vorträge nicht auf die seit der griechischen Antike leitend ge-
bliebene Bestimmung des λόγος beschränken. Sie stammt, nach
dem Vorgang Platons, von Aristoteles, den man gern den Vater
der abendländischen Logik nennt.

Was erschaut Aristoteles am λόγος, wenn er ihn nach der
Hinsicht beschaut, die für die nachkommende Logik in gewisser Weise zwar maßgebend bleibt, in ihrer Ursprünglichkeit
jedoch nicht eingehalten werden kann? Was Aristoteles am
λόγος der Logik erschaut, entnehmen wir dem Beiwort, mit
dem er den λόγος be-legt. Aristoteles nennt den λόγος der Logik,
d. h. den Grundzug des Denkens: λόγος ἀποφαντικός. Dieses
Beiwort gehört zum Zeitwort ἀποφαίνεσθαι, das besagt: etwas
von ihm selbst her zum Vorschein bringen. Der λόγος ist als
ἀποφαντικός dasjenige versammelnde Vorlegen, das es vermag,
etwas zum Vorschein zu bringen. Zum Vorschein bringt der
λόγος solches, was bislang und jeweils nicht eigens erscheint,
gleichwohl aber schon vor-liegt.

Halten wir uns an ein Beispiel. Einen λόγος von der Art, die
Aristoteles im Blick hat, führen wir an, wenn wir sagen: »Der
Weg ist weit«. Achten wir jetzt auf diesen λόγος »Der Weg ist
weit« in der unscheinbaren Gestalt, daß wir ihn auf einer Wanderung still vor uns hindenken. Dieser λόγος ist ἀποφαντικός,
insofern er uns den weiten Weg zum Vorschein bringt, ihn vor
uns versammelt, vor uns liegen läßt. Und plötzlich merken wir,

---

[3] Stefan George, Das Neue Reich. (Gesamt-Ausgabe der Werke, endgültige
Fassung. [Bd. 9]). Berlin 1928.

daß die Erläuterung des Denkens, d. h. des λόγος und des λέγειν als eines Legens, durchaus nicht so befremdlich und abwegig ist, wie es zunächst scheinen mochte.

Legen heißt, griechisch gedacht, vorliegenlassen, nämlich das schon Vorliegende, Anwesende, so zwar, daß es sich dabei als das Vorliegende zeigt. Das Beiwort ἀποφαντικός, vermögend das Erscheinenlassen von etwas, nämlich von ihm selbst her, ist nichts Geringeres als die sachgerechte Auslegung dessen, was der λόγος der Logik als versammelndes Legen vollbringt: ein Vorliegenlassen. Darum kann Aristoteles diesen λόγος, d. h. den Grundakt des Denkens kurzweg ἀποφαντικός nennen. Dies Wort läßt sich kaum übersetzen; umständlich und wenig schön müßten wir sagen: Anwesendes von ihm selbst her scheinen lassen. Wir übersetzen λόγος ἀποφαντικός gemäßer und mit einem Wort durch: Darlegung, wobei wir im Dar-legen den griechischen Sinn des λέγειν: vorliegenlassen das Erscheinende, mithören.

Genug, wenn uns jetzt aufgeht: Der λόγος der Logik – also das Denken – ist für die Griechen ein Scheinenlassen. Die alten Griechen denken mit den Augen, d. h. durch die Blicke. Der λόγος, das Denken, ist ein Scheinenlassen dessen, was von sich her zum Vorschein gekommen, aus dem Dunklen, Verbergenden ins Lichte gebracht ist. Das Denken wird somit dadurch ein wahres, daß es als Scheinenlassen das Verborgene jeweils nach einer Hinsicht entbirgt und lichtet. Hierbei löst sich das Dunkle nicht in eitle Helle auf, sondern das Dunkle, Verbergende bleibt und kommt so selbst erst zum Scheinen. Das Licht bleibt stets ein dunkles Licht.[a]

Der Grundakt des λόγος ist das Erscheinenlassen des Vorliegenden. Dieser λόγος ist der Grundakt des Denkens. Erfahren wir das Denken vom λόγος her in seinem logischen Wesen, dann zeigt sich: Das Denken wohnt anfänglich im Wesensraum des

---

[a] Wahrheit – ἀλήθεια – Entbergung und d. h. zugleich Verwahrung des Verborgenen.

dunklen Lichtes. Dies ist die Ortschaft, in der den Griechen die Götter anwesend waren.

In diese Ortschaft müssen wir dasjenige zurückbringen, was für die Griechen der λόγος ἀποφαντικός , das Denken war: die entbergende Dar-legung des Anwesenden.

Inzwischen pflegt man den λόγος der Logik, den Hauptzug des Denkens, als Satz vorzustellen. Der angeführte λόγος »Der Weg ist weit« kann als Muster eines einfachen Satzes gelten. Er gerät dann in die Gesellschaft von Sätzen wie: Der Kreis ist rund; die Kreide ist weiß; das Haus ist hoch; Sätze, die als leblose Muster in den Lehrbüchern der Logik und Grammatik umhergeistern. Der auf einer Wanderung still vor uns hingedachte Satz »Der Weg ist weit« fällt, als Beispiel der gewöhnlichen Lehre vom Satz genommen, aus seinem Bereich heraus, so daß wir seinen leibhaft lebendigen Satzcharakter nicht mehr erblikken können. Darum müssen wir jetzt – wiederum in der knappsten Form – erläutern, was das Wort »Satz« meint, wenn wir es sachgerecht als Übersetzung für den λόγος der Logik gebrauchen und die Rede von den Grund-Sätzen gebührend verstehen wollen.

Satz heißt in unserer älteren Sprache: Zusammensetzung, Komposition – so noch in der Musik, der Satz einer Sonate. Betrachten wir im Lichte dieser Bestimmung, die den Satz als eine Zusammensetzung versteht, das angeführte Beispiel eines λόγος: Der Weg ist weit. Hier treffen wir offensichtlich und leicht auf eine Zusammensetzung. Wir kennen sie von der Schule her. Der einfache Satz setzt ein Satzsubjekt, nämlich den Weg, mit dessen Prädikat, nämlich »weit«, zusammen. Der Weg ist weit. Das Wort für die Zusammensetzung, für die Verbindung von Subjekt und Prädikat, finden wir im »ist«, welches Wort daher Copula heißt. Wenn wir uns ausschließlich an diese schon im Beginn der Logik sich abzeichnende Auslegung des Satzes halten, finden wir nie mehr zu dem ursprünglichen Satzcharakter zurück, der dem λόγος als der entbergenden Darlegung des Vorliegenden eignet.

Das griechische Wort für den Satz lautet σύνθεσις, θέσις. Doch alles liegt daran, die θέσις griechisch zu denken, nämlich als Setzen, Stellen im Sinne von Aufstellen, zum Stand bringen, Stehenlassen, nämlich das Anwesende, so wie es steht. In der griechisch verstandenen θέσις schwingt der Sinn des Vor-liegen--lassens. Darum kann das Wort θέσις, Setzung — für uns ganz befremdlich — im Griechischen so viel bedeuten wie Lage — das Vorliegende.

Beachten wir, daß griechisch gedacht, Setzen und Satz das Selbe sagen wie Vorliegenlassen, dann öffnet sich uns der Blick für den eigentlichen Satzcharakter des λόγος. Darnach ist der Satz ursprünglich nicht die Zusammensetzung von Subjekt und Prädikat, sondern, im Beispiel gesprochen, das Vorliegenlassen des vorliegenden weiten Weges. So wird der weite Weg — durch die ἀπόφανσις erscheinend — mit uns, die wir ihn nach der Weise des λόγος als ἀπόφανσις denken, zusammengebracht: Der weite Weg wird als solcher auf uns zu versammelt. Der eigentliche Satz — die ursprüngliche Zusammensetzung — ist dieses Versammeln des vorliegenden weiten Weges auf uns, des Zusammenbringens des Weges mit uns. Das eigentliche Subjekt, d. h. wörtlich das schon Vorliegende, ist für den angeführten Satz nicht der Weg oder gar der Begriff des Weges, sondern: der anwesende weite Weg selbst. Dieser liegt dem ganzen Satz »Der Weg ist weit« zu Grunde. Der einfache Satz läßt demnach das vorliegen, was seinem Setzen zu Grunde liegt. Das, was dem Satz vor- und zugrundeliegt, ist sein Grund. Von diesem her wird be-legt, was der einfache λόγος dar-legt. Dieses Belegen von Grund her ist das Begründen. So wäre denn jeder Satz dieser Art, streng gedacht, ein Grund-Satz.

Der λόγος der Logik, der Hauptzug des Denkens, ist als entbergendes Darlegen ein Ergründen des Grundes und so ein Begründen des Satzes. Man hält es längst für selbstverständlich, daß jemand, der denkt und Gedanken vorbringt, diese auch begründet. Wir denken nichts dabei, daß dies so sein soll. Jetzt aber wird klar: Weil das Denken als λόγος die Darlegung des Zugrundeliegenden ist, gehört zum Denken von Hause aus, nicht nur als notwendige Beigabe, die Begründung. So zeigt sich denn: Jeder λόγος der Logik ist als Satz ein Grund--Satz in dem erläuterten weitesten Sinne, daß er schon Vor- und Zugrundeliegendes vorliegen läßt und dadurch zum Erscheinen bringt.

Wenn nun schon jeder einfache Satz als Satz — als entbergende Darlegung von Zugrundeliegendem — ein Satz ist, der jeweils auf einen Grund geht und somit im weitesten Sinne ein Grund-Satz, welchen Wesens sind dann jene Grundsätze, die man unter dem Titel »Denkgesetze« kennt? Welches Zugrundeliegende, welchen Grund legen die eigens so genannten Grund-Sätze dar? Offenbar kein Vor- und Zugrundeliegendes wie den weiten Weg, den hohen Berg, den breiten Strom, die klare Nacht, das heitere Kind, den fernen Gott — nichts von alldem, sondern?

Die Antwort auf die Frage, in die wir jetzt gelangt sind, vernehmen wir, sobald wir auf das Formelhafte der aufgeführten Grundsätze des Denkens achten. Der Satz der Identität lautet: A ist A. Der Satz hat die Form eines λόγος. Was legt der Satz dar? Welches Vorliegende bringt er zum Vorschein? Nicht dieses oder jenes Besondere? Also etwas Allgemeines? Also jedes beliebige unbestimmt Vorliegende? Keineswegs. Der Satz A ist A legt A als A dar. Der Satz schweift so wenig ins unbestimmt Leere weg, daß er sich in eine einzigartige Bestimmtheit bindet. A ist A. Worauf geht die Darlegung? Darauf, daß zu jedem Vorliegenden gehört: selbig mit ihm selbst. Genauer gesprochen: Diese Selbigkeit gehört nicht wie eine durchgängige Beschaffenheit zu jedem Vorliegenden. Vielmehr gehört jedes Vorliegende in die Selbigkeit mit ihm selber, denn anders könnte niemals ein Vorliegendes selber von ihm selbst her vorliegen.

Die Selbigkeit des Vorliegenden mit ihm selber, die so verstandene Identität, liegt nicht auch noch und jeweils neben jedem Vorliegenden vor. Die Identität ist selber nichts Vorliegendes, aber sie macht das Vorliegen als solches mit aus. Was

dem Grundsatz A ist A zu Grunde zu liegen scheint, dieser
Grund, den dieser Satz darlegt, die Selbigkeit von etwas mit
ihm selber, ist nichts Vorliegendes, nichts Zugrundeliegendes,
ist in diesem Sinn kein Grund mehr. Weil aber kein Grund
mehr ist, sprechen wir im strengen und nüchternen Sinn vom
Ab-grund. Die Sätze, die in einem ausgezeichneten Sinne
Grundsätze des Denkens heißen, führen uns – wenn wir sie
hinreichend denken – an den Ab-grund. Ein Ab-grund aber läßt
sich nicht mehr dar-legen, wenn Dar-legen heißt: ein zu Grunde und als Grund Vorliegendes zum Vorschein bringen. Wie
sollen wir dann aber Sätze, die das Denken an seinen Ab-grund
führen, noch denken? In seinen Ab-grund gelangt das Denken
nur, wenn es sich von jedem Grund absetzt, in welchem Ab-
-setzen sich bereits die Art des Setzens und des Satzes gewandelt
haben. Satz heißt jetzt nicht mehr θέσις, sondern saltus. Der Satz
wird zum Sprung. Grund-Sätze sind Sprünge, die sich von jedem Grund absetzen und in den Ab-grund des Denkens springen. In dem jetzt erläuterten Wort Grund-Satz erscheint
notwendig etwas Widersinniges. Grund-Sätze, d. h. Sätze in den
Ab-grund des Denkens. Allein, der hier für eine Weile auftau-
chende Widersinn ist weder erfunden und erkünstelt, noch ist
er ein Unsinn. Anderes ergibt sich: Die Erläuterung des Titels
»Grundsätze des Denkens« gelangt jetzt erst ins Ziel. Sie nimmt
dem Titel die Rolle eines bloßen Titels.

Grundsätze des Denkens – dies spricht jetzt als Anspruch auf
Sprünge des Denkens in seinen Abgrund. Ob die zunächst genannten Grundsätze des Denkens, die aufgeführten Denkgesetze, ihrerseits schon solche Sätze in den Abgrund sind, bleibt
offen. Hegels Auslegung der Denkgesetze, die im ersten Vortrag
gestreift wurde, verwehrt es jedenfalls, daß sie zu Sätzen in den
Ab-grund des Denkens werden.

Grundsätze des Denkens. – Jetzt verrät der Titel seine Ge-
nauigkeit. Der bestimmte Artikel »die« Grundsätze ist nämlich
nicht deshalb weggelassen, weil von den Denkgesetzen nur
einige statt aller verhandelt werden sollen, sondern weil der

scheinbare Titel uns daraufhin anspricht, noch unerfahrbare und nicht übersehbare Sprünge des Denkens in seinen Abgrund zu wagen. Vermutlich können uns die gewohnterweise so genannten Grundsätze des Denkens dafür ein Anlaß sein. (Der nächste Vortrag unter dem Titel »Der Satz der Identität«, der in der Woche des Universitätsjubiläums am Donnerstag den 27. Juni in der Stadthalle gehalten wird, nimmt den genannten Satz zum Anlaß für einen Versuch, einen Sprung des Denkens in seinen Abgrund wenigstens vorzubereiten.)

Nun erweckt die Rede vom Sprung in den Abgrund sogleich den Eindruck, als handle es sich um ein besonders tiefsinniges und schauriges oder gar zerstörerisches Vorhaben. Indes meint die Rede vom Sprung in den Abgrund eine Sache, die uns zwar ganz den Sinn ändern, aber nicht in eine trübe Verschwommenheit drängen kann. Gemeint ist mit dem Sprung die Verwandlung des Denkens, das weltgeschichtlich unser Zeitalter bestimmt. Wenn eine solche Verwandlung überhaupt je geschehen kann, dann braucht es hierfür einen Absprung von jenem Denken, das zum Rechnen geworden ist. Nun beginnt zwar ein Sprung mit dem Absprung, allein dieser ist zuvor schon durch den Sprung und allein dadurch bestimmt, wie und wohin im Sprung gesprungen wird. Ob und wie weit ein solcher Sprung des Denkens dem Menschen glückt, liegt nicht bei ihm. Dagegen obliegt uns die Vorbereitung des Sprunges. Sie besteht darin, unser Denken zum Absprung zu geleiten. Dies ist eine durchaus nüchterne Sache. Das Nüchterne gilt uns als das Trockene, wenn nicht gar Fade. Nüchtern kommt von nocturnus, nächtlich. Um eine Art Notturno handelt es sich bei der Vorbereitung von Grund-Sätzen des Denkens, d. h. von Sprüngen des Denkens in seinen Ab-grund. Dieser wird nach dem Gesagten nur ein Ab-grund für das Denken sein, solches, worin das Denken als ein gewandeltes den ihm zugemessenen Bereich findet. Dieser Ab-grund aber ist uns Sterblichen näher, als wir meinen möchten.

Hölderlin singt in einer späten Hymne:

>»Nicht vermögen
>Die Himmlischen alles. Nemlich es reichen
>Die Sterblichen eh' an den Abgrund . . .«
>
>*(Stuttg. Ausg. 2.1., S. 193)*[4]

Merken wir es wohl: Die Sterblichen sind es, die eh an den Ab-grund reichen, diejenigen also, die im Gebirg des Todes wohnen und darum sterben können. Ein Tier kann nicht sterben; es verendet. Damit mag zusammengehen, daß das Tier nicht denken kann. Das Denken lebt aus einer Wahlverwandtschaft mit dem Tod.

Wir sehen uns vor eine Unterscheidung gebracht: Grundsätze des Denkens im Sinne jener Denkgesetze, von denen Hegel gezeigt hat, daß kein Denken sie befolgt – und – Grund-Sätze des Denkens im Sinne von Sprüngen des Denkens in seinen Ab-grund.

Der Ab-grund des Denkens ist nun aber nicht der gleiche wie der Abgrund, den der Dichter nennt.

[4] Hölderlin, Mnemosyne (Erste Fassung). Sämtliche Werke. Große Stuttgarter Hölderlin-Ausgabe, im Auftrag des Württemberg. Kultusmin. herausgegeben von Friedrich Beißner. Stuttgart 1943-1985.

III. Vortrag
Der Satz der Identität

Der Satz der Identität lautet nach einer geläufigen Formel: A = A. Der Satz gilt als das oberste Denkgesetz. Diesem Satz versuchen wir für eine Weile nachzudenken. Wir hören den Satz als eine Aussage über die Identität. Wir möchten durch den Satz erfahren, was Identität heißt.

Wenn das Denken, von einer Sache angesprochen, dieser nachgeht, kann es ihm geschehen, daß es sich unterwegs wandelt. Darum ist es ratsam, im Folgenden auf den *Weg* zu achten, weniger auf den Inhalt. Bei diesem recht zu verweilen, verwehrt uns schon der Fortgang des Vortrages.

Was sagt die Formel A = A, in der man uns den Satz der Identität darzustellen pflegt? Die Formel nennt die Gleichheit von A und A. Zu einer Gleichung gehören wenigstens zwei. Ein A gleicht einem andern. Will der Satz der Identität solches aussagen? Offenkundig nicht. Das Identische, lateinisch idem, heißt griechisch τὸ αὐτό. In unsere deutsche Sprache übersetzt, heißt τὸ αὐτό das Selbe. Wenn einer immerfort das Selbe sagt, z. B.: Die Pflanze ist Pflanze, spricht er in einer Tautologie. Damit etwas das Selbe sein kann, genügt je eines. Es bedarf nicht ihrer zwei wie bei der Gleichheit.

Die Formel A = A spricht von Gleichheit. Sie nennt nicht A als das Selbe. Die geläufige Formel für den Satz der Identität verdeckt somit gerade das, was der Satz sagen möchte: A ist A, d. h. jedes A ist selber dasselbe.

Während wir das Identische in dieser Weise umschreiben, klingt ein altes Wort an, wodurch Platon das Identische vernehmlich macht, ein Wort, das auf ein noch älteres zurückdeutet. Platon spricht im Dialog Sophistes 254 d von στάσις und κίνησις, von Stillstand und Umschlag. Platon läßt hier den

Fremdling sagen: Οὐκοῦν αὐτῶν ἕκαστον τοῖν μὲν δυοῖν ἕτερόν ἐστιν, αὐτὸ δ' ἑαυτῷ ταὐτόν.[1] »Nun ist doch von ihnen jedes der beiden ein anderes, selber aber ihm selbst dasselbe.« Platon sagt nicht nur: ἕκαστον αὐτὸ ταὐτόν, »jedes selber dasselbe«, sondern: ... αὐτὸ ἑαυτῷ ταὐτόν, »jedes selber *ihm selbst* dasselbe«. Der Dativ bedeutet: Jedes etwas selber ist ihm selbst zurückgegeben, jedes selber ist dasselbe – nämlich *für* es selbst, *mit* ihm selbst. Die griechische Sprache verschenkt hier gleichwie unsere deutsche den Vorzug, das Identische mit demselben Wort und zwar in einer Fuge seiner verschiedenen Gestalten zu verdeutlichen.

Die gemäßere Formel für den Satz der Identität A ist A sagt demnach nicht nur: Jedes A ist selber dasselbe, sondern: Jedes A ist selber mit ihm selbst dasselbe. Für die Selbigkeit des Selben bedarf es zwar je nur eines, aber in der Selbigkeit des einen selber kommt gleichwohl eine Beziehung zum Vorschein: Je eines selber ist dasselbe *mit* ihm selbst. In der Selbigkeit liegt diese Beziehung des *mit*, also eine Vermittelung, eine Verbindung, eine Synthesis, die Einung in eine Einheit. Daher kommt es, daß durch die Geschichte des abendländischen Denkens hindurch die Identität im Charakter der Einheit erscheint. Aber diese Einheit ist keineswegs die fade Leere eines beziehungslosen Einerlei. Bis jedoch die in der Identität waltende, frühzeitig schon anklingende Beziehung im Selben *als* die Vermittelung mit ihm selbst entschieden und geprägt zum Vorschein gelangt, bis gar eine Unterkunft gefunden wird für dieses Hervorscheinen der Vermittelung innerhalb der Identität, braucht das abendländische Denken mehr denn zweitausend Jahre. Erst die Philosophie des spekulativen Idealismus stiftet, vorbereitet von Kant, durch Fichte, Schelling und Hegel dem in sich synthetischen Wesen der Identität eine Unterkunft. Diese kann hier nicht gezeigt werden. Nur eines ist zu behalten: Seit der Epoche des spekulativen Idealismus bleibt es dem Denken un-

---

[1] Platonis Opera. Recognovit brevique adnotatione critica instruxit Ioannes Burnet. Oxonii e typographeo Clarendoniano 1899 sqq. Tomus I, 254 d 14 sq.

tersagt, die Einheit der Identität nur leer als das bloße Einerlei vorzustellen und von der in dieser Einheit waltenden Synthesis und Vermittelung abzusehen. Wo solches geschieht, wird die Identität nur abstrakt vorgestellt.

Auch in der verbesserten Formel A ist A kommt allein die abstrakte Identität zum Vorschein. Von hier aus wird klar: Der Satz der Identität sagt uns nichts über die Identität. Vermutlich will er solches auch nicht sagen. Er gilt als das oberste Denkgesetz. Als Ge-setz, wir hören dies Wort wie unser Wort Gebirg, als Gesetz versammelt der Satz der Identität alles Setzen aller Sätze in eine maßgebende Weise. In welche?

Wir hören die Maßgabe, wenn wir auf den Grundton des Satzes der Identität achten und demgemäß seine Formel betonen: Nicht mehr so leichthin A ist A, sondern A *ist* A. Was hören wir?

Der Satz spricht vom »ist«, davon, wie jegliches Seiende ist, nämlich: es selber mit ihm selbst dasselbe. Der Satz der Identität spricht vom *Sein* des Seienden. Als ein Gesetz des Denkens gilt der Satz nur, insofern er ein Gesetz des Seins ist, das sagt: Zu jedem Seienden als solchen gehört die Identität, die Einheit mit ihm selbst.

Was der Satz der Identität, aus seinem Grundton gehört, aussagt, ist genau das, was das gesamte abendländisch-europäische Denken denkt, nämlich: Die Einheit der Identität bildet einen Grundzug im Sein des Seienden. Demgemäß steht all unser Verhalten zum Seienden jeder Art unter dem Anspruch der Identität. Spräche dieser Anspruch nicht, dann könnte das Seiende niemals in seinem Sein erscheinen. Demzufolge gäbe es auch keine Wissenschaft. Wäre ihr nicht zum voraus die Selbigkeit ihres Gegenstandes verbürgt, sie könnte nicht sein, was sie ist. Die Forschung nimmt diese Bürgschaft überall in Anspruch. Gleichwohl bringt die Leitvorstellung der Identität den Wissenschaften nie einen greifbaren Nutzen. Der Anspruch der Identität des Gegenstandes hat jedoch immer schon gesprochen, bevor es und während es in den Wissenschaften zur

Ausbildung fruchtbarer Vorstellungen und Arten des Vorgehens kommt. (Die Wissenschaften müssen dem Anspruch der Identität des Gegenstandes von ihrem ersten bis zu ihrem letzten Schritt entsprechen, gleichviel ob sie diesen Anspruch eigens hören oder nicht.)

Der Anspruch der Identität spricht aus dem Sein des Seienden. Nach der Lehre der Philosophie ist die Identität ein Grundzug im Sein. Wo nun aber das Sein des Seienden im abendländischen Denken am frühesten und eigens zur Sprache kommt, nämlich bei Parmenides, spricht τὸ αὐτό, das Identische, nicht nur in dem erwähnten, sondern in einem noch anderen, fast übermäßigen Sinne. Eines der Fragmente lautet: τὸ γὰρ αὐτὸ νοεῖν ἐστίν τε καὶ εἶναι.[2] »Das nämlich Selbe ist Vernehmen (Denken) sowohl als auch Sein.«

Hier wird Verschiedenes, nämlich Denken und Sein, in das Selbe verwiesen. Was sagt dies? Etwas völlig anderes gegenüber dem, was wir als die Grundlehre des abendländischen Denkens kennen, daß die Identität zum Sein gehört. Dementgegen sagt der angeführte Satz des Parmenides: Sein gehört mit dem Denken in das Selbe. Demnach wäre das Sein ein Zug in der Identität?

Doch was heißt hier dann Identität? Was sagt im Fragment des Parmenides das Wort τὸ αὐτό, das Selbe? Parmenides gibt keine Antwort. Wir erfahren nicht, wie hier τὸ αὐτό, das Selbe, zu denken sei.

Wo die Identität selbst, nicht erst der Satz der Identität, spricht, da verlangt ihr Spruch, daß Denken und Sein im Selben zusammengehören. Unversehens haben wir jetzt τὸ αὐτό, das Selbe, schon gedeutet, indem wir die Selbigkeit als Zusammengehörigkeit auslegen. Rufen wir aber mit dieser Auslegung nicht die spätere Bestimmung der Identität zuhilfe, wonach Identität jene Einheit ist, die etwas mit ihm selbst einigt?

---

[2] Hermann Diels, Die Fragmente der Vorsokratiker. Griechisch und deutsch. 5. Auflage, herausgegeben von Walther Kranz. Berlin 1934. Band I, S. 231. Fragment 3.

Aber der Satz des Parmenides spricht vom Denken und vom Sein. Er spricht von zweien, die zwar verschieden und gerade als diese Verschiedenen das Selbe sind. Parmenides denkt hier bereits, so möchte man meinen, jene erst im spekulativen Idealismus gedachte Identität, zu der eine Duplizität gehört, voraus.

Es liegt nahe, die im Satz des Parmenides genannte Selbigkeit von Denken und Sein im Sinne der später gedachten und uns bekannten Identität auszulegen. Was könnte uns daran hindern? Nichts Geringeres als der Satz selbst, den wir bei Parmenides lesen. Er sagt: Sein gehört mit dem Denken in das Selbe. Das Sein ist von einer Identität her als ein Zug derselben bestimmt. Dagegen wird die später gedachte Identität als ein Grundzug im Sein vorgestellt. Also können wir von dieser Identität her nicht jene Identität auslegen wollen, durch die auch noch das Sein selbst bestimmt wird.

Die von Parmenides gedachte Selbigkeit von Denken und Sein kommt weiter her als die erst aus dem Sein stammende, in der Metaphysik vorgestellte Identität.

Das Leitwort im Satz des Parmenides, τὸ αὐτό, das Selbe, bleibt dunkel. Wir lassen es dunkel. Wir lassen uns aber zugleich von dem Satz des Parmenides einen Wink geben. So vermeidet der Weg, auf dem wir dem Wesen der Identität nachsinnen, die Willkür.

Inzwischen haben wir aber doch die Selbigkeit von Denken und Sein als die Zusammengehörigkeit beider bestimmt. Wir waren zu voreilig, vielleicht notgedrungen. Wir müssen das Voreilige rückgängig machen. Wir können dies, wenn wir die jetzt genannte Zusammengehörigkeit nicht für die endgültige oder auch nur für die maßgebende Auslegung der Selbigkeit von Denken und Sein halten.

Denken wir nach der Gewohnheit das *Zusammen*gehören, dann wird, was schon die Betonung des Wortes andeutet, der Sinn des Gehörens vom Zusammen, d. h. von dessen Einheit her bestimmt. Gehören heißt in solchem Fall: zugeordnet und eingeordnet sein in die Versammlung eines Zusammen, eingerichtet in die Einheit eines Mannigfaltigen, zusammengestellt in der Einheit des Systems, vermittelt in die einigende Mitte einer maßgebenden Synthesis. Die Philosophie stellt dieses *Zusammen*gehören als nexus und connexio vor, als die notwendige Verknüpfung des einen mit dem anderen.

Das Zusammengehören läßt sich aber auch denken als Zusammen*gehören*. Dies will sagen: Das Zusammen wird jetzt aus dem Gehören bestimmt. Hier bleibt allerdings zu fragen, was dann »gehören« besagt und wie aus ihm erst sich das *ihm* eigene Zusammen bestimmt. Die Antwort liegt uns näher als wir meinen, aber sie liegt nicht auf der Hand. Genug, wenn wir jetzt durch diesen Hinweis auf die Möglichkeit merken, das Gehören nicht mehr aus der Einheit des Zusammen, sondern dieses Zusammen aus dem Gehören her zu denken.

Allein, erschöpft sich der Hinweis auf diese Möglichkeit nicht in einem leeren Wortspiel, das etwas erkünstelt, dem jeder Anhalt in einem nachprüfbaren Sachverhalt fehlt? So sieht es aus, bis wir schärfer zusehen und die Sache sprechen lassen.

Der Hinweis auf das Zusammengehören im Sinne des Zusammen*gehörens* entspringt nämlich aus dem Hinblick auf einen Sachverhalt, der schon genannt wurde. Er ist nur seiner Einfachheit wegen schwer im Blick zu behalten. Indes kommt der Sachverhalt uns sogleich näher, wenn wir folgendes beachten: Bei der Erläuterung des *Zusammen*gehörens als Zusammen*gehören* steht die Erörterung jener Selbigkeit im Blick, in die nach dem Satz des Parmenides Denken und Sein gehören. Demnach bedenken wir das Zusammen*gehören* aus dem her, *was* da zusammengehört, nämlich Denken und Sein.

Verstehen wir das Denken als die Auszeichnung des Menschen, dann steht das Zusammen*gehören* von Mensch und Sein im Thema. Im Nu sehen wir uns freilich von den Fragen bedrängt: Was heißt Sein? Wer oder was ist der Mensch? Jedermann sieht leicht, ohne die zureichende Beantwortung dieser Fragen fehlt uns der Boden, auf dem wir etwas Verläßliches über das Zusammen*gehören* von Denken und Sein ausmachen können. Solange wir jedoch in dieser Weise fragen, bleiben wir in den Versuch gebannt, die Zuordnung von Mensch und Sein entweder vom Menschen her oder vom Sein her einzurichten und zu erklären. Die Fußpunkte für die Zuordnung bleiben die überlieferten Vorstellungen von Mensch und von Sein. Wir denken so aus einer entweder vom Menschen oder Sein her bestimmten Einheit einer vorstellbaren Zusammenordnung, statt einmal darauf zu achten, ob und wie in diesem *Zusammen*gehören vor allem ein *Gehören* im Spiel sein könnte. Wir überhören es hartnäckig, daß uns dieses Zusammen*gehören* schon angesprochen hat. Inwiefern ist dies der Fall?

Die Möglichkeit, den vorwaltenden Anspruch des Zusammen*gehörens* von Mensch und Sein auch nur aus der Ferne zu vernehmen, ergibt sich schon, wenn wir sorgfältiger dem nachsinnen, was die geläufigen Bestimmungen des Wesens von Mensch und Sein eigentlich enthalten.

Offenbar ist der Mensch etwas Seiendes. Als dieses gehört er in das Ganze des Seins. Gehören heißt hier noch: eingeordnet in das Sein. Aber das Auszeichnende des Menschen besteht darin, daß er als das denkende Wesen das Sein des Seienden versteht, weil er, vom Sein angesprochen, diesem entspricht. Der Mensch *ist* dieser Bezug der Entsprechung, und er ist nur dies. Im Menschenwesen waltet ein Gehören zum Sein, welches Gehören auf das Sein hört, weil es diesem zugeeignet ist.

Und das Sein? Denken wir das Sein nach seinem anfänglichen Sinn als An-wesen. Das Sein west den Menschen nicht beiläufig, nicht ausnahmsweise an. Sein west und währt aber auch nur, indem es den Menschen an-geht. Denn der Mensch, offen für das Sein, läßt dieses erst als An-wesen ankommen. Das An-wesen *braucht* das Offene einer Lichtung und ist darum dem Menschenwesen übereignet. Dies besagt keineswegs, das Sein werde erst und nur durch den Menschen gesetzt. Dagegen wird deutlich:

Mensch und Sein sind beide von einem Zu-einander-Gehören durchwaltet. Aus diesem nicht näher bedachten Zusammen*gehören* haben Mensch und Sein allererst diejenigen Wesensbestimmungen empfangen, in denen sie durch die Philosophie metaphysisch begriffen werden.

Allein, das vorwaltende Zusammen*gehören* von Mensch und Sein erfahren wir nie, solange wir uns im bloßen Vorstellen von Ordnungen und Vermittelungen aufhalten. Solches Vorstellen zeigt uns immer nur eine Verknüpfung, die entweder vom Sein oder vom Menschen her geknüpft wird und auf das so bestimmte *Zusammen* beider hindenkt. Das Vorstellen läßt uns nicht in das Zusammen*gehören* einkehren. Wie aber kommt es dahin? Wie sollen wir dieses näher erfahren? Dadurch, daß wir uns aus der Haltung des bloßen Vorstellens von Verknüpfungen absetzen. Dieses Sichabsetzen ist ein Satz im Sinne eines Sprunges, der abspringt, weg aus der geläufigen Vorstellung vom Menschen als dem animal rationale und als einem Subjekt für Objekte, weg vom Sein als dem Grund des Seienden.

Wohin springt der Absprung, wenn er vom Grund abspringt? Springt er in einen Abgrund? Ja, insofern wir den Sprung noch im Gesichtskreis des metaphysischen Denkens vorstellen. Nein, insofern wir springen und uns loslassen. Wohin? Dahin, wohin wir schon eingelassen sind: in das Gehören zum Sein, aber zum Sein, das selber zu uns gehört, indem es *als* Sein nur *bei* uns *wesen*, d. h. *an*-wesen kann.

So wird denn, um das Zusammen*gehören* von Mensch und Sein eigens zu erfahren, ein Sprung nötig. Dieser Sprung ist das Jähe der brückenlosen Einkehr in jenes Gehören, das allein erst ein Zueinander von Mensch und Sein und damit eine Konstellation beider zu vergeben hat. Der Sprung ist die jähe Einkehr in den Bereich, aus dem her Sein und Mensch einander in ihrem Wesen je schon erreicht haben.

Seltsamer Sprung, der uns vermutlich den Einblick erbringt, daß wir uns noch gar nicht genügend dort aufhalten, wo wir eigentlich schon sind. Wo sind wir? In welcher Konstellation von Mensch und Sein? Welches Zusammen*gehören*, welche wie geartete Identität durchwaltet das Wesen von Sein und Mensch?

Aus welcher Gegend spricht der Anspruch dieser Identität, der als Zusammen*gehören* gedachten?

Heute bedarf es, so scheint es wenigstens, nicht mehr wie noch vor Jahren umständlicher Hinweise, um die Konstellation zu erblicken, aus der Mensch und Sein zusammengehören. Es genügt, so möchte man meinen, das Wort Atomzeitalter zu nennen, um erfahren zu lassen, welches Sein uns heute anwest. Aber dürfen wir denn die technische Welt mit dem Sein in eins setzen? Offenbar nicht, auch dann nicht, wenn wir diese Welt als das Ganze der freigesetzten Atomenergie zusammen mit der rechnenden Planung und Automatisierung vorstellend verstehen, die alle Bezirke menschlichen Wohnens durchprägen. Weshalb bringt der Hinweis auf die technische Welt die heutige Konstellation von Mensch und Sein noch nicht in den Blick? Weil er zu kurz denkt. Denn das erwähnte Ganze der technischen Welt wird zum voraus vom Menschen her als dessen Gemächte vorgestellt. Das Technische im weitesten Sinne und in seinen vielfältigen Erscheinungen genommen, gilt als der Plan, den der Mensch entwirft, welcher Plan den Menschen zuletzt in die Entscheidung drängt, ob er zum Knecht seines Planes werden oder dessen Herr bleiben will.

Mit dieser Vorstellung vom Ganzen der technischen Welt schraubt man alles auf den Menschen zurück und gelangt, wenn es hoch kommt, zur Forderung einer Ethik der technischen Welt. In dieser Vorstellung befangen, meint man, die Technik sei nur die Sache des Menschen, in ihr spreche kein Anspruch des Seins. Von dieser Meinung besessen, achten wir noch nicht einmal auf das Zusammen von Mensch und Sein, geschweige denn, daß wir versuchen, in jenes Gehören hinauszuhören, das erst beide, Mensch und Sein, einander *zu*reicht.

Setzen wir uns endlich davon ab, das Technische nur technisch, d. h. vom Menschen und seinen Maschinen her vorzustellen. Achten wir auf den Anspruch, unter dem in diesem Zeitalter nicht nur der Mensch, sondern alles Seiende, Natur und Geschichte, hinsichtlich seines Seins steht.

Welchen Anspruch meinen wir? Unser ganzes Dasein findet sich überall herausgefordert, sich auf das Planen und Berechnen von allem zu verlegen. Was spricht in dieser Herausforderung? Entspringt sie einer selbstgemachten Laune des Menschen? Oder geht uns nicht alles Seiende schon und nur so an, daß es uns in seiner Planbarkeit und Berechenbarkeit anspricht? Was kommt hier ans Licht? Nichts Geringeres als dies: Im selben Maß aber wie das Sein ist der Mensch herausgefordert, d. h. gestellt. Das Sein des Seienden ist selber herausgefordert, d. h. gestellt, alles Seiende in der Planbarkeit und Berechenbarkeit anwesen zu lassen, allem zuvor aber den Menschen, das ihn angehende Seiende als den Bestand seines Planens und Rechnens sicherzustellen und dieses Bestellen ins Unabsehbare zu treiben. Der Anspruch, der sowohl das Seiende in der Planbarkeit und Berechenbarkeit erscheinen läßt, als auch den Menschen in das Bestellen des also erscheinenden Seienden herausfordert, dieser Anspruch macht die Konstellation aus, in der wir uns aufhalten. Aus ihr bestimmt sich das Wesensganze der modernen technischen Welt.

Der Name für die Versammlung des Herausforderns, das Mensch und Sein einander so zustellt, daß sie sich wechselweise stellen, lautet: das Ge-Stell. Man stößt sich an diesem Wort zu unrecht. Wir sagen statt »stellen« auch »setzen« und finden nichts dabei, daß wir das Wort »Gesetz« gebrauchen. Wir verstehen des Wort Ge-Stell entsprechend wie das Wort Gesetz. Das Ge-Stell ist die Versammlung der Maßgabe für alles Setzen, Stellen und Bestellen, worin Mensch und Sein einander angehen. Das Ge-Stell läßt Mensch und Sein auf eine befremdliche Weise zu einander gehören. Befremdlich ist sie, weil wir das, was Ge-Stell heißt, nicht mehr im Gesichtskreis des Vorstellens vorfinden, der uns das Sein des Seienden denken läßt. Denn einmal liegt das im Wort Ge-Stell zu-Denkende dem Menschen nicht gegenüber. Das Ge-Stell geht uns nicht mehr an wie das Sein als An-wesen. Das Ge-Stell bestimmt erst das Sein in ein Zusammen mit dem Menschen. Befremdlich aber ist das im Wort Ge-Stell

zu-Denkende vor allem deshalb, weil es selber nicht ein Letztes
ist, sondern uns erst Jenes zuspielt, was die jetzige Konstellation
von Mensch und Sein eigentlich durchwaltet.

Das Zusammen*gehören* von Mensch und Sein in der Weise
der wechselseitigen Herausforderung bringt uns bestürzend näher, daß und wie der Mensch dem Sein vereignet, das Sein aber
dem Menschenwesen zugeeignet ist. Im Ge-Stell waltet ein
Vereignen und Zueignen. Es gilt, dieses Eignen, worin Mensch
und Sein einander ge-eignet sind, einfach zu erfahren, d. h.
einzukehren in das, was wir das *Ereignis* nennen.

Das Wort Ereignis ist der gewachsenen Sprache entnommen.
Er-eignen heißt ursprünglich: er-äugen, d. h. erblicken, im
Blicken zu sich rufen, an-eignen. Das Wort Er-eignis ist jetzt,
ursprünglicher gedacht, als Leitwort in den Dienst eines Denkens genommen, das versucht, jenes dunkle Wort des Parmenides: τὸ αὐτό — das Selbe ist Denken und Sein, im Gedächtnis
zu behalten. Das Wort Ereignis läßt sich sowenig übersetzen wie
das griechische Leitwort Λόγος und das chinesische Tao. Das
Wort Er-eignis meint hier nicht mehr das, was wir sonst irgendein Geschehnis, ein Vorkommnis nennen. Das Wort ist jetzt als
Singularetantum gebraucht.

Er-eignis nennt das aus ihm zu-Denkende und darum eigentliche Gehörenlassen, das Mensch und Sein einander vereignet.
Was wir im Ge-Stell als dem Wesen der Konstellation in der
modernen technischen Welt erfahren, ist ein Vorspiel dessen,
was Er-eignis heißt. Das Ereignis bleibt nicht notwendig und
nur in seinem Vorspiel, dadurch es nach der Weise des Ge-Stells
Mensch und Sein zusammengehören läßt. Im Er-eignis spricht
die Möglichkeit an, daß es das Ereignis als das bloße Walten des
Ge-Stells in ein anfänglicheres Ereignen verwindet. Eine solche
Verwindung des Ge-Stells aus dem Er-eignis ergäbe die ereig-
nishafte, also vom Menschen allein nie machbare Zurücknah-
me der technischen Welt aus ihrer Herrschaft zur Dienstschaft
innerhalb eines Bereiches, durch den der Mensch eigentlicher
in das Er-eignis reicht.

Es hat den Anschein, als gerieten wir in die Gefahr, unser Denken allzu unbekümmert in etwas abgelegenes Allgemeines zu richten, während sich uns doch unter dem Namen Ereignis nur das Nächste des Nahen unmittelbar zuspricht, darin wir uns schon aufhalten. Was aber könnte uns näher sein als das, was uns dem nähert, dem wir gehören, worin wir Gehörende sind, das Er-eignis?

Der Beginn des Vortrages gab die Weisung, auf den Weg zu achten. Wohin hat der Weg geführt? Zur Einkehr unseres Denkens in jenes Einfache, das wir im strengen Wortsinn das Er-eignis nennen. Es läßt Mensch und Sein in ein Zusammen *gehören*. Gehören heißt jetzt: vereignet, zugeeignet. Der Mensch ist aus seinem Wesen her dem, was zunächst noch »Sein« heißt, vereignet, weil gebraucht. Das Sein ist als An--wesen dem Menschenwesen zugeeignet.

Wer wir Menschen eigentlich sind und was das Sein eigentlich ist, werden wir erst dann gebührend erfragen und vermuten dürfen, wenn das Denken in jenen Bereich eingekehrt ist, wo Eignung, Vereignung, Eigentum und Eigentlichkeit walten, nämlich im Er-eignis.

Das Er-eignis ist der in sich schwingende Bereich, durch den Mensch und Sein einander in ihrem Wesen er-reichen, ihr Wesendes gewinnen, indem sie jene Bestimmungen verlieren, die ihnen die Metaphysik geliehen hat.

Das Er-eignis als Er-eignis denken heißt, am Bau dieses Bereiches bauen. Das Bauzeug zu diesem in sich schwebenden Bau empfängt das Denken aus der Sprache. Denn die Sprache ist die zarteste, alles verhaltende Schwingung im schwebenden Bau des Ereignisses.

Doch was hat das bisher Gesagte mit dem Satz der Identität zu tun? Wir antworten, indem wir den begangenen Weg zurückgehen.

Das Er-eignis vereignet Mensch und Sein in ihr wesenhaftes Zusammen. Ein erstes, uns heute bedrängendes Scheinen des Ereignisses erblicken wir im Ge-Stell. Das Ge-Stell aber

macht das Wesen der modernen technischen Welt aus. Das Ge-
-Stell geht uns überall unmittelbar an. Das Ge-Stell ist, falls wir
jetzt noch so sprechen dürfen, seiender als alle Atomenergien
und alles Maschinenwesen, seiender als jede Form der Organi-
sation, Information und Automatisierung. Im Ge-Stell erblikken wir ein Zusammengehören von Mensch und Sein, worin
das Gehörenlassen erst die Art des Zusammen und dessen Einheit bestimmt. Das Ge-Stell fordert den Menschen zur Berechnung des Seins heraus, das selber in die Berechenbarkeit
eingefordert ist. Das Ge-Stell stellt beide, Mensch und Sein,
darauf hin, einander herauszufordern in das Bestellen des Seienden als eines bestellbaren Bestandes.

Das Geleit zur Frage nach einem Zusammengehören, darin
das Gehören den Vorrang hat vor dem Zusammen, ließen wir
uns durch den Satz des Parmenides geben: »Das nämliche Selbe
ist Denken sowohl als auch Sein.« Die Frage nach dem Sinn
dieses Selben, d. h. nach der Selbigkeit des Unterschiedenen, ist
die Frage nach dem Wesen der Identität. Nach der Lehre der
Metaphysik gilt die Identität als ein Grundzug im Sein des
Seienden. (Dies sagt denn auch der Satz der Identität, falls wir
seine Formel A ist A in der eigentlichen Betonung hören. Über
das Wesen der Identität gibt der Satz der Identität keine Auskunft.) Dagegen enthält der Satz des Parmenides, worin durch
das τὸ αὐτό hindurch die Identität selbst spricht, einen Wink.
Indes bleibt das Wort τὸ αὐτό, das Selbe, ein Rätselwort und
bleibt es so lange, als es dem Denken nicht glückt, in jene
Gegend hinauszudenken, aus der uns das *Zusammen*gehören als
Zusammengehören anspricht. In jener Gegend wäre die Wesensherkunft der Identität zu erfahren. Dürfen wir den Ort der
Herkunft der Identität in dem suchen, was unter dem Namen
»das Er-eignis« unserm Denkblick näher kommen möchte?

Das Wesen der Identität ist ein Eigentum des Er-eignisses.
Vom Eigentlichen können wir nur sinngemäß sagen, wenn wir
aus dem Er-eignis denken. Für den Fall, daß an dem Versuch,
unser Denken in den Ort der Wesensherkunft der Identität zu

weisen, etwas Haltbares sein könnte, was wäre dann aus dem Titel des Vortrages geworden? Der Sinn des Titels »Der Satz der Identität« hätte sich gewandelt.

Der Satz der Identität gibt sich zunächst als ein Grundsatz, der von der Identität aussagt, sie sei ein Zug im Sein, d. h. im Grund des Seienden. Aus diesem Satz im Sinne einer Aussage ist unterwegs ein Satz geworden von der Art eines Sprunges, der sich vom Sein als dem Grund des Seienden absetzt und so in den Abgrund springt. Doch dieser Abgrund ist weder das leere Nichts, noch eine finstere Wirrnis, sondern: das Er-eignis. Im Er-eignis schwingt das Wesen dessen, was als Sprache spricht, deren Wesen einmal das Haus des Seins genannt wurde.

Satz der Identität sagt jetzt: ein Sprung, den das Er-eignis, d. h. das Wesen der Identität verlangt, weil es ihn braucht, wenn anders das Zusammen*gehören* von Mensch und Sein in das Wesenslicht des Er-eignisses gelangen soll.

Unterwegs vom Satz als einer Aussage über die Identität zum Satz als Sprung in die Wesensherkunft des Zusammen*gehörens* hat sich das Denken gewandelt. Darum erblickt der denkende Blick in der Gegenwart über die Situation des Menschen hinweg die Konstellation von Sein und Mensch aus dem, was beide erst zueinander eignet, aus dem Er-eignis.

Gesetzt, die Möglichkeit warte uns entgegen, daß sich das Ge-Stell, d. h. die Herausforderung von Mensch und Sein in die Berechnung des Berechenbaren, als das Ereignis enthüllt, das Mensch und Sein erst in ihr Eigentliches vereignet, dann wäre ein Weg frei, auf dem der Mensch das Seiende, das Ganze der modernen technischen Welt, Natur und Geschichte, allem zuvor ihr Sein, anfänglicher erfährt.

Solange die heutige Besinnung auf die Welt der Atomenergie bei allem Ernst der Verantwortung nur dahin drängt, aber auch dabei sich beruhigt, die friedliche Nutzung der Energien zu betreiben, bleibt das Nachdenken auf halbem Wege stehen. So wird die technische Welt durch den Menschen in ihrer metaphysischen Vorherrschaft weiterhin und erst recht gesichert.

Allein, wo ist entschieden, daß die Natur für alle Zukunft die Natur der modernen Physik bleiben und die Geschichte sich nur als Gegenstand der Historie darstellen soll? Zwar können wir die heutige technische Welt weder als Teufelswerk verwerfen, noch dürfen wir sie vernichten, falls sie dies nicht selber besorgt. Wir dürfen aber noch weniger der Meinung nachhängen, die moderne technische Welt sei von einer Art, die einen Absprung aus ihr schlechthin verwehre. Diese Meinung entspringt der Besessenheit vom Aktuellen als dem, das sie für das allein Wirkliche hält. Diese Meinung ist allerdings phantastisch, nicht dagegen das Nachdenken, das dem entgegenblickt, was als Anspruch des Wesens der Identität von Mensch und Sein auf uns zukommt.

Was und wie immer wir zu denken versuchen, wir denken im Spielraum der Überlieferung. Sie waltet, wenn sie uns aus dem Nachdenken in das Vordenken befreit, das kein Planen mehr ist. Doch erst wenn wir uns dem schon Gedachten zuwenden, werden wir verwendet für das noch zu-Denkende.

IV. Vortrag

Die nachfolgende Besinnung übergeht den letzten Vortrag, der
den Satz der Identität erörterte. Die Besinnung ruft vielmehr
den Gang des zweiten Vortrages zurück, um ihn, jetzt freilich
nach dem dritten, noch einmal, aber mit anderen Ausblicken zu
durchmessen. Weil jedoch der Vortrag über den Satz der Identität als geschriebener und auch als gesprochener in einer
besonderen Weise festliegt, bedarf es eines kurzen Nachwortes.

Es ist seit langer Zeit, also im voraus, schon geschrieben. Wir
finden es in einem der Dialoge Platons, der den Namen »Phaidros« trägt. Gegen Ende dieses Gesprächs bringt Sokrates die
Rede auf die εὐπρέπεια καὶ ἀπρέπεια τῆς γραφῆς[1], auf das
Schickliche und Unschickliche des Schreibens und des Geschriebenen. Sokrates erzählt dabei eine Geschichte aus dem
alten Ägypten.[*]

Sokrates: »Also: ich vernahm, in der Gegend von Naukratis in
Ägypten sei einer der alten Götter des Landes beheimatet, dem
auch der heilige Vogel zugehört, den sie Ibis nennen, – der
Name des Gottes selbst sei Theut. Dieser sei der erste Erfinder
von Zahl und Rechnen und von Geometrie und Astronomie,
ferner des Brett- und Würfelspiels und vor allem der Schrift.
König von ganz Ägypten sei dazumal Thamus gewesen; – er
regierte in der großen Stadt des oberen Gebietes, welche die
Griechen das ägyptische Theben nennen, und den Gott: Am-

---

[1] Platonis Opera. Recognovit brevique adnotatione critica instruxit Ioannes
Burnet. Oxonii e typographeo Clarendoniano. Tomus II, 1900. Vgl. Phaidros
274 b 6.

[*] [Anm. d. Herausgeberin: Für den mündlichen Vortrag hat Heidegger mit
den Worten ». . . die hier nicht wiedergegeben werden kann« – wohl aus
zeitlichen Gründen – auf eine Wiedergabe dieser Geschichte verzichtet. Bei
den Manuskriptunterlagen findet sich jedoch folgende Übersetzung Heideggers von »Phaidros« 274 c 5-275 b 4, die hier eingefügt wird.]

mon. Zu ihm kam Theuth und zeigte ihm seine Künste und
erklärte es für nötig, alle Ägypter daran teilhaben zu lassen.
Thamus aber fragte nach dem Nutzen einer jeden, und als jener
seine Erklärungen gab, teilte er Lob oder Tadel aus, je nachdem,
ob ihm eine Aussage gefiel oder mißfiel. Vielerlei soll da Thamus zu Theuth nach beiden Richtungen über jede Kunst
geäußert haben; − es wäre zu umständlich, es nachzuerzählen.
Doch als er bei der Schrift angelangt war: ›Dies, o König‹, sagte
da Theuth, ›diese Kenntnis wird die Ägypter weiser machen und
ihr Gedächtnis stärken; denn als Gedächtnis- und Weisheits-
mittel ist sie erfunden.‹ Der aber erwiderte: ›O du meisterhafter
Techniker Theuth! Der eine hat die Fähigkeit, technische
Kunstfertigkeiten zu erfinden, doch ein anderer: das Urteil zu
fällen, welchen Schaden oder Nutzen sie denen bringen, die sie
gebrauchen sollen. Auch du, als Vater der Schrift, hast nun aus
Zuneigung das Gegenteil dessen angegeben, was sie vermag.
Denn sie wird Vergessenheit in den Seelen derer schaffen, die
sie lernen, durch Vernachlässigung des Gedächtnisses; − aus
Vertrauen auf die Schrift werden sie von außen durch fremde
Gebilde, nicht von innen aus Eigenem sich erinnern lassen. Also
nicht für das Gedächtnis, sondern für das Erinnern hast du ein
Mittel erfunden. Von der Weisheit aber verabreichst du den
Zöglingen nur den Schein, nicht die Wahrheit; denn vielkundig
geworden ohne Belehrung werden sie einsichtsreich zu sein
scheinen, während sie großenteils einsichtslos sind und schwierig im Umgang, − zu Schein-Weisen geworden statt zu Weisen.‹« − Phaidros: »Ach Sokrates, − aus Ägypterland oder woher
du magst, erdichtest du ohne Mühe Geschichten!«

Im Verlauf der Überlegungen über diese Geschichte sagt Sokrates zu Phaidros (275 c 5-d 6):

»Wer nun meint, er könne seine Kunst [nämlich die der
Rede] im Geschriebenen hinterlassen, und auch der wiederum,
der es [das Geschriebene] aufnimmt, so als werde etwas Klares
und Verläßliches aus dem Geschriebenen hervorgehen, jeder
von ihnen ist voller Einfältigkeit und hat in Wahrheit keine

Kenntnis vom Spruch des Gottes Ammon, wenn er da glaubt, geschriebene Reden seien noch zu anderem nütze als nur dazu, den Wissenden [der nämlich schon weiß, was das Geschriebene sagen will] zu unterstützen, daß er wieder auf das kommt, was geschrieben ist.«

Phaidros vermerkt zu den angeführten Worten des Sokrates nur: Ὀρθότατα; »Sehr richtig«.

Sokrates fährt fort: »Unheimliches nämlich hat da, mein Phaidros, irgendwie das Schreiben und sein Geschriebenes an sich und gleicht darin wahrhaftig der Malerei. Denn auch deren Gebilde stehen da wie lebend, wenn du sie jedoch frägst, erhaben ganz und gar schweigen sie. Dasselbe tun aber auch die geschriebenen Reden. Du könntest meinen, sie sagten etwas von dem, was sie gleichsam bedenken, wenn du sie aber frägst in der Absicht, von ihrem Gesagten etwas zu erfahren: ἕν τι σημαίνει μόνον ταὐτὸν ἀεί — ein gewisses Eines zeigt nur ein und dasselbe stets an. [Es bleibt bei einem unbestimmten Einerlei.] Wenn aber einmal geschrieben, schweift jede Rede überall herum gleichermaßen bei denen, vor deren Ohr sie gehört, wie bei denen, die sie nichts angeht, und die geschriebene Rede weiß allein gelassen nicht, zu wem sie reden soll und zu wem nicht. Wird die Rede aber mißhandelt und gar aus Unfug beschimpft, ihren Vater braucht sie dann immer als den Helfer. Selber nämlich sich zu wehren vermag sie nicht, noch sich zu helfen.«

Durch das Gespräch zwischen Sokrates und seinem jungen Freund Phaidros spricht Platon selber. Er, der dichtende Meister des denkenden Wortes, spricht hier zwar nur von der Schrift, deutet aber zugleich an, was ihn auf seinem ganzen Denkweg immer wieder neu überfiel, daß nämlich das im Denken Gedachte sich nicht aussagen läßt. Doch wäre es übereilt, zu folgern, also sei das Gedachte unsagbar. Vielmehr wußte Platon dies, daß es die Aufgabe des Denkens sei, durch ein Sagen das Ungesagte dem Denken nahe zu bringen und zwar als die zu denkende Sache. So ist denn auch in dem von ihm Geschriebenen nie unmittelbar zu lesen, was Platon dachte, wenngleich es geschriebene Gespräche sind, die wir nur selten in die reine Bewegung eines gesammelten Denkens befreien können, weil wir zu gierig und irrig nach einer Lehre suchen.

Es gilt jetzt, die Besinnung an den zweiten Vortrag anzuschließen. Bei dessen Beginn hieß es: »Auf irgendeine Weise denken wir alle und sind doch allesamt unerfahren darin, daß und wie Grund-Sätze das Denken bewegen oder gar zur Ruhe bringen.« Diese Bemerkung verstand das Wort »Grund-Sätze« bereits in dem gewandelten Sinn von Sprüngen in den Ab- -Grund; »das Denken bewegen« – dies will sagen: dem Denken seinen Weg bauen; »zur Ruhe bringen« – dies sagt: dorthin bringen, wo alle Bewegung erst sich versammelt, nicht um zu enden, sondern aus dem Quell anzufangen. Doch wir sind – allesamt – unerfahren in dem, was dem Denken abverlangt ist, wenn anders es aus seiner Verstrickung in das Rechnen und in die Dialektik herausfinden soll. Beide, das rechnende und das dialektische Denken sind im Grunde das Selbe, aus jenem Grund nämlich, den der Satz vom Grund nennt, ohne dessen Wesen zu denken. Allein, es ist schon genug gewonnen, wenn sich unser Augenmerk der genannten Unerfahrenheit zuwendet. Dahin möchte uns der Weg dieser Vorträge bringen.

Der zweite Vortrag nannte den Wegweiser. Auf ihm steht zu lesen »Logik«. So heißt die Lehre vom Denken. Wenn wir den Wegweiser sorgsam genug lesen, führt er über alles Erwarten weit. Zunächst folgten wir dem Wegweiser, ohne das Eigentümliche des gewiesenen Weges genauer zu beachten. Zwar mußte es auffallen, daß wir uns, wie es schien, in eine Verdeutlichung der Mehrdeutigkeit des Titels »Grundsätze des Denkens« verloren. In der Tat ist die Verdeutlichung des Titels die einzige Aufgabe. Wir müssen freilich dem Mißverständnis vorbeugen, das meint, es gelte dabei nur zu zeigen, in welchen verschiedenen Bedeutungen die Wörter verstanden werden können, aus denen sich der Titel zusammensetzt. Hinter der Mehrdeutigkeit des Titels »Grundsätze des Denkens« verbirgt sich ein Hin und Her von Fragen, die das Denken angehen, insofern dieses, das Denken, unser Wesen und d. h. den Bezug des Seins in sich zu uns durchwaltet. So erfahren, heißt Denken: Seinlassen, nämlich das Seiende in dessen Sein. So erfahren, gibt das Denken auch erst dem Dichten einen Spielraum. So erfahren, verlangt das Denken für sich eine eigene Weise, mehr im Sinne von einer Melodie, deren Spielmänner darum die Denker heißen.

Die Fragen, die sich im Titel »Grundsätze des Denkens« verbergen, verlangen eine Antwort, die sagt, wie wir es mit dem Denken halten, auf welche Weise wir uns auf das Denken und mit dem Denken einlassen, welche Wege dahin bereits offen stehen, welche Wege in die Gelassenheit zum Denken erst zu bahnen sind, an welchen Wegen dann gebaut werden muß. Solche Fragen entwachsen der Vermutung, daß dem Denken zu einer Zeit, die wir nicht kennen, noch eine hohe Bestimmung im Wesensgeschick des Seins gespart ist. Wieviel heutiges Bemühen dazu tun oder besser lassen kann, weiß niemand. Vieles, das meiste sogar, spricht dafür, daß die Verödung des Daseins in das nur noch rechnende Denken fernerhin steigen wird. Zu meinen, der Nihilismus sei überwunden, ist vermutlich der Grundirrtum des gegenwärtigen Zeitalters. Nietzsches Wort, wenige Jahre vor dem Zusammenbruch in Turin geschrieben, bleibt wahr. Es lautet: »Der Nihilismus steht vor der Tür; woher kommt uns dieser unheimlichste aller Gäste?«[2] – Dadurch, daß man auch heute noch der Frage nach der Wesensherkunft dieses Gastes ausweicht, öffnet man dem Gast allererst die Tür vom Osten und vom Westen her gleichermaßen; denn beide Welten sind unvermögend, einander anzusprechen aus einer Dimension, in die beide sich erst freilassen müßten, um zu erfahren, was ist und aus welchem Wesen von Sein alles Seiende spricht.

Der Versuch einer Klärung der Mehrdeutigkeit im Titel

---

[2] Nietzsche, Der Wille zur Macht. I. Buch, Der europäische Nihilismus. Nietzsche's Werke (Großoktavausgabe). Band XV. 3. Aufl., Leipzig 1922. S. 141.

»Grundsätze des Denkens« erweckt den Anschein, als handle es sich um ein vorläufiges und äußerliches Geschäft. In die Sache gedacht, steht dabei jedoch anderes auf dem Spiel.

Das Nachdenken über den Titel zerlegt nicht vorgegebene Wörter und Begriffe in ihre Bedeutungselemente. Der Vortrag erörtert den Ort, in den unser Denken gehört. Um diese Absicht klar zu erkennen und gesammelt zu wissen, ist es angebracht, das bisher Durchgegangene so einheitlich zu durchblicken, daß der Ausblick auf den Weg zum Ort des Denkens sich weitet und das Trübe sich mindert.

Wagen wir, noch deutlicher zu sprechen, dann läßt sich sagen: Die Sache der Vorträge ist allein ihr Titel. Unter dem Titel steht nichts, nichts im Sinne einer Ansammlung von Aussagen über ein Thema. Unter dem Titel steht nichts, weil alles darinnen liegt. Der Titel ist also auch kein Titel; er ist keine Überschrift, sondern eine *Nachschrift.* Sie schreibt, mit aller Fragwürdigkeit des Geschriebenen behaftet, etwas auf, dem unser Denken nachkommen und d. h. nah und näher kommen möchte, indem es versucht, Geschriebenes in Gehörtes zurückzuverwandeln, das Gehörte aber in Erblicktes. Denn nur was wir erblickt haben, schauen wir, verwahren wir als das Geschaute (das Schöne). Nur das Geschaute wissen wir, wissen in dem alten Sinne genommen, der sagt: gesehen haben und das Gesehene behalten, nämlich als solches, das uns fortwährend ansieht. Was Platon im Wort ἰδέα denkt, hat in solcher Erfahrung seinen Ursprung. Denn die »Idee« ist, griechisch gedacht, jenes Aussehen der Dinge, aus denen her sie uns, die Menschen, ansehen. Aber wir dächten dieses alles auch so noch nicht griechisch genug, wollten wir die Bezüge von Aussehen und Ansehen nur optisch vom Gesichtssinn her deuten. Das Aussehen im Sinne der ἰδέα ist kein starres Gesicht, sondern das Wehen der χάρις, der Anmut. Was Hölderlin einmal in einer Elegie von seinen Landsleuten singt, trifft ins Wesen des griechischen, von Platon gedichteten Bezugs der Menschen zum Sein des Seienden:

Hölderlin sagt:

»[. . .] und zu athmen die Anmuth,
Sie die geschickliche, schenkt ihnen ein göttlicher Geist.«[3]

Wozu diese Abschweifung? Es ist keine, sondern nur das immer neu nötige Andenken an das Wesende des Seins, dessen Atem wir nicht mehr spüren, wenn wir in den abgestorbenen Begriffen der Philosophie herumstochern, ohne darauf zu achten, daß ein Wort wie Idee und ἰδέα noch spricht, falls ihm das Denken gebührend entgegenhorcht. Freilich erscheint es heute nur zu oft als vergeblich, noch einmal den Blick für diese einfachen Verhältnisse zu öffnen und dabei zugleich sehen zu lassen, wie sie das ganze abendländische Denken durchscheinen bis in den grandiosen Schlußabschnitt der Logik Hegels, der überschrieben ist: »Die Idee«.

Solange wir uns, durch bloß Angelesenes behindert, durch Theorien versteift, durch Lehrmeinungen vorzeitig befriedigt, durch das Vielerlei des täglich Neuesten behext, dem Blick in das einfache Scheinen des Seins verschließen, solange entbehrt unser Denken die Bodenständigkeit, solange ermangelt es der Vorbedingung, die es zuläßt, daß wir uns auch nur im Ungefähren dem Bereich nähern, in den die Erörterung von Grundsätzen des Denkens zu weisen versucht.

Die Mehrdeutigkeit der Rede von »Grundsätzen des Denkens« ist eine dreifache: 1. Eine Doppeldeutigkeit. 2. Eine Zweideutigkeit. 3. Eine Wandlung des Sinnes.

Wenn wir die dreifache Mehrdeutigkeit in einem Zuge durchdenken, gelangen wir nicht nur in die Überlieferung der Geschichte des Denkens, sondern diese Überlieferung befreit uns zu einer anderen Aneignung seines Wesens. Wenn hierbei stellenweise schon Gesagtes mit Absicht wiederholt wird, dann mögen wir beachten: Das Wiederholen des Selben in das jedesmal Anfänglichere gehört zur Kunst des Denkens.

---

[3] Hölderlin, Stutgard. Vers 11 f. Sämtliche Werke (ed. Hellingrath). 2. Aufl., Berlin 1923. IV. Band, S. 114.

Wir bedenken die erste Art der Mehrdeutigkeit der Rede von den »Grundsätzen des Denkens«: die Doppeldeutigkeit. Sie betrifft, grammatisch vorgestellt, den Genitiv. Demnach meint »Grundsätze des Denkens« einmal: Grundsätze für das Denken. So genommen sind die Grundsätze jene Gesetze, denen das Denken als ihr Objekt unterstellt bleibt. Zum anderen spricht der Genitiv als genitivus subiectivus. Ihm gemäß sind die Grundsätze Regelsätze, die vom Denken selber gesetzt sind. Die Setzung erfolgt durch das Ich, das als Subjekt die Objekte denkt. Die Doppeldeutigkeit des Genitivs zeigt an: Das Denken ist zumal das Subjekt und das Objekt für seine als Regeln gemeinten Grundsätze. Das Denken ist das Objekt seiner selbst als des Subjekts. Wir müssen erst durch die starren und in Wahrheit unzureichenden grammatischen Unterscheidungen hinsichtlich des Genitivs hindurchsehen, um den Sachverhalt vors Auge zu bekommen, aus dem her die Wendung »Grundsätze *des* Denkens« spricht.

Welchen Sachverhalt? Das Denken geht sich in seinen von ihm gesetzten Grundsätzen selbst an und bescheint so sich selber. Das Denken geht und steht in einem Licht, das es dem Anschein nach selbst angezündet hat. Allein, das Denken geht dabei zugleich in einem Schatten, den es kraft des ihm jeweils geliehenen Vermögens allein niemals erblicken kann. Der Bezug des Denkens zu ihm selber liegt hinsichtlich seiner Herkunft für das Denken in einem Schatten. Dieser folgt dem Denken — bei aller Rückbeziehung auf sich selbst — immer nach hinterrücks, gleich als werfe das Denken selber diesen Schatten. Es wirft ihn auch, und er ist ihm doch erst zugeworfen. In der beinahe öden Doppeldeutigkeit des Genitivs »Grundsätze *des* Denkens« verbergen sich Bezüge zwischen Erhellung und Beschattung. Sie durchwalten das Denken, sind selber kaum bedacht, können es auch nicht sein, solange das Denken als Tätigkeit der Seele, des Geistes, des Subjekts, des Menschen angesetzt und dabei hinsichtlich des Bezugs zum Sein, darin es heimisch ist, beschnitten und verkürzt wird. Alle Dialektik ist der Versuch, diese nach manchen Hinsichten bemerkte, aber nicht preisgegebene, sondern festgehaltene Verkürzung des Denkens zu ergänzen, d. h. das Denken aus einem Ganzen seines rational verstandenen Wesens zu bestimmen. Aber dieses Ganze bleibt zuletzt doch das schattenlose Licht der Vernunft und der ihrer selbst absolut gewissen Subjektivität. Und wo der Schatten gesehen wird, ist er nur als Grenze der Helle verstanden. Aber der Schatten ist mehr und anderes als Grenze.

Das Wort Lionardos: Das Licht zeigt, der Schatten verbirgt,[4] kommt dem Sachverhalt näher. Allein, die entscheidende Frage muß die ursprüngliche Einheit von Entbergen und Verbergen suchen. Zwar hat man von altersher das Denken in einen Bezug zum Licht gebracht. Man spricht vom natürlichen Licht der Vernunft. Über der Bestimmung des Erhellens und Aufklärens, die man der Vernunft und dem Denken zuspricht, hat man die Beschattung vergessen, aus der das Denken stammt. Die Beschattung entspringt weder einem Schatten und Gespensterreich, noch läßt sie sich mit dem billigen Hinweis abfertigen, neben dem Rationalen gäbe es auch das Irrationale; denn dieses bleibt immer nur das totgeborene Kind des Rationalismus.

Der vorwaltende und schließlich alles übermächtigende Bezug des Denkens zum Licht, zum Leuchten und zum Scheinen zeigt sich darin, daß man frühzeitig einen Charakter des Denkens erkannte, der Reflexion heißt. Dies besagt einmal: Rückbeugung auf sich selbst. Insofern das Denken als Vorstellen etwas vorstellt, erscheint es sich in gewisser Weise in dem von ihm Vorgestellten und findet darin den Anlaß, sich auf sein Vorstellen selber zurückzubeugen, zu re-flektieren. Beachten wir alltägliche Beispiele: Wenn wir den bekannten Krug oder ein Ding sonst, einen Apfel auf dem Teller, die Pfeife auf dem Rohrstuhl anschauen und dabei nur auf das optisch Gegebene

---

[4] Vgl. Lionardo da Vinci, Das Buch von der Malerei. Deutsche Ausgabe, nach dem Codex Vaticanus 1270 übersetzt und unter Beibehalt der Haupteinteilung übersichtlicher geordnet von Heinrich Ludwig. Wien 1882. Fünfter Theil. Von Schatten und Licht. S. 277, Nr. 549 (550).

merken, dann zeigt sich, daß diese Gegenstände sich uns je nur in einer bestimmten Ansicht darstellen. Diese jeweilige Ansicht hängt ab von der Hinsicht, in der wir auf die Gegenstände hinsehen. Die Hinsicht ist eine Weise unseres Vorstellens. Die jeweilige Ansicht des Gegenstandes läßt uns auf unsere Hinsicht reflektieren. Es sieht so aus, als sei der Gegenstand ein X, um das herum sich eine Kollektion von Ansichten bilden läßt und bilden muß, um ihn vollständig zu erfassen.

Denken wir jedoch die genannten Gegenstände als Dinge an, erfahren wir sie andenkend, dann verweisen sie uns nicht auf unsere Hinsichten und Vorstellungen, sondern sie winken in eine Welt, aus der sie sind, was sie sind. Wenn z. B. Cézanne immer wieder die *montagne St. Victoire* auf seinen Bildern erscheinen läßt und der Berg als der Berg immer einfacher und mächtiger anwest, dann liegt dies nicht nur und nicht in erster Linie daran, daß Cézanne immer entschiedener in seine Maltechnik findet, sondern daran, daß das »Motiv« immer einfacher bewegt, d. h. spricht und der Künstler es vermag, diesen Anspruch je und je reiner zu hören, so daß dieser Anspruch ihm den Pinsel führt und die Farben zureicht. Der Maler malt, was er hört, als den Zuspruch des Wesens der Dinge. Alle Kunst, nicht erst die Dichtung, bewegt sich in dem Bereich, als welcher die Sprache spricht und anderes verlangt als die Reflexion auf die Gegenstände und das Vorstellen derselben. Insofern nun aber das Denken als Vorstellen erfahren ist, das vor sich hin und zu sich her das Anwesende stellt, gehört zum Denken die Rückbeziehung auf sich, die Reflexion. Im Gefolge der sich entfaltenden Herrschaft der Reflexion wird das Seiende erst zum Gegenstand. Reflexion besagt zum anderen und deutlicher: zurückscheinen des im Denken Gedachten auf das Denken und umgekehrt des Denkens auf sein Gedachtes. Dieses Insichscheinen des Denkens, vorgeahnt in Platons Auslegung des Seins als ἰδέα, gelangt erst ganz zum Vorschein für das Denken, sobald die Reflexion im zuerst genannten Sinne vollständig, nach allen nur möglichen Hinsichten ins Spiel kommt. Dies geschieht dort, wo die Subjektivität des Subjekts absolut gedacht wird, im spekulativen Idealismus. Die magere Unterscheidung eines genitivus subiectivus und obiectivus in der Rede von »Grundsätzen des Denkens« gewinnt erst Leben zurück und zeigt erst in das, was sie eigentlich nennt, wenn wir in den Reflexionscharakter des Vorstellens hinausdenken.

Alles Denken denkt sich auf irgendeine, wenn auch noch so unbestimmte Weise selber und ist gleichwohl keine bloße Selbstbespiegelung. Gemäß der ihm eigentümlichen Rückbeziehung auf sich selbst kann das Denken freilich bald in einem hohen bald in einem flachen Sinne um sich selber kreisen, zuletzt sogar im großen Stil selber den Kreis schlagen, darin es sich in seinem Kreisen umkreist.

Auf einem langen und verschlungenen Weg gelangt das abendländisch-europäische Denken schließlich und wissentlich in den von ihm und seinem Reflexionscharakter durchformten Lichtkreis. Diese Lichtdimension ist die spekulative Dialektik, die sich nach dem Vorgang Kants im Denken Fichtes, Schellings und Hegels zum System entfaltet. Das hier nach zu denkende System bliebe verkannt, wollten wir es nur als ein über die Wirklichkeit geworfenes Netzgeflecht von Begriffen vorstellen. Das System ist als »der Gedanke« das Sein selbst, das alles Seiende in sich auflöst und so die Vorform dessen abzeichnet, was jetzt als das Wesen der technischen Welt zum Vorschein kommt.

Daß die durch die Metaphysik von Karl Marx geprägte Welt zu einem — ich sage zu einem — nicht zu dem und nicht zum eigentlichen Auffangbezirk für das Ganze der modernen technischen Welt werden konnte, liegt im Wesen der Sache begründet. Denn die Metaphysik von Karl Marx ist entschiedener, als man meint, vom spekulativen Idealismus der Metaphysik Hegels abhängig, abhängig in der entschiedensten Form der Abhängigkeit, nämlich derjenigen des bloßen Gegensatzes. Dieser kommt darin zum Vorschein, daß die Metaphysik des Marxismus Dialektik bleibt und bleiben muß. Die Dialektik und ihr System, hier und dort, sind keine ausgedachten Begriffsgehäuse, sondern Leben und Wirklichkeit; sie sind dies auch, wenngleich auf eine ganz andere Weise, für die beiden Dichter und Freunde der spekulativen Denker Fichte, Schelling und Hegel – für Hölderlin und Novalis. Beide haben in ihren »Nachtgesängen« jenes dunkle Licht geschaut, darin die Vernunfthelle der absoluten Logik aufgehoben, zugleich aber vorausgesetzt und bestätigt wird.

Der Reflexionscharakter des Denkens und seine Entfaltung zur Dialektik gehören zusammen. Beide und ihre Zusammengehörigkeit sind darin gewurzelt, daß das abendländische Denken schon in seiner Frühe ein Gepräge empfangen hat, dadurch das Begründen und Rechnen im weiteren Sinne den Vorrang gewinnen.

Unserem historischen Bewußtsein stellt sich die Dialektik des spekulativen Idealismus leicht als das Produkt einer sich selbst absolut setzenden Vernunft dar. Man kann diese Dialektik für theologisch unglaubwürdig erklären. Man kann in der Nachfolge Kierkegaards urteilend, den spekulativen Idealismus als höheren Schwindel verdächtigen, bestehen bleibt dieses: Die spekulative Dialektik durchherrscht die heutige Weltwirklichkeit, offenkundig oder versteckt, begriffen oder abgegriffen, erstarrt oder erneuert. Hinter einer harmlosen Doppeldeutigkeit des Genitivs »Grundsätze des Denkens« verbirgt sich die Macht des reflektierend-dialektischen Denkens, das als ursprünglich europäisches inzwischen vielgestaltig über die ganze Erde sich ausbreitet.

Damit sind wir in die zweite Form der Mehrdeutigkeit der Rede von »Grundsätzen des Denkens« gewiesen. Gemeint ist die Zweideutigkeit in der Rede von dem Denken. Sie läßt sich jetzt und zwar im Rückblick auf das Gesagte zur Eindeutigkeit bringen. »Das Denken« gibt es nirgends. Jedes Denken hat sein geschickhaftes Gepräge. »Grundsätze des Denkens« kann daher nur dasjenige Denken meinen, in das wir seit langem geschickt sind. Der Glaube an ein Allerweltsdenken, das nur dem Anschein nach universal und durch alle Zeiten hindurch das gleiche sein soll, ist, beiläufig bemerkt, einer der Ursprünge für das Aufkommen des Nihilismus und für die Zähigkeit seiner unmerklichen Durchsetzungskraft in allen Bezirken der Welt.

Sobald wir uns dann auf Grundsätze des Denkens einlassen und ihnen nachsinnen, sehen wir uns genötigt, erst einmal unser Denken in seiner Wesensherkunft zu erfahren, um eigens dort zu sein, wo wir als denkende Wesen seit langem schon sind. Der Weg in diese Erfahrung ist uns durch den mehrfach genannten Wegweiser gewiesen. Auf ihm lesen wir den Namen Logik, was anzeigt, daß das Denken als λόγος bestimmt ist. Allerdings bleibt dieser Hinweis solange selber im Unbestimmten hängen, als wir nicht zeigen können, weshalb und auf welche Weise es dahin kommt, daß der Hauptzug des Denkens im λόγος gefunden wird. Daß dem so ist, darf nämlich weder für selbstverständlich, noch für natürlich gelten. Es ist ein Schicksal, das in je verschiedener Weise sowohl die Scholastik des Mittelalters als auch die neuzeitliche Wissenschaft und zuletzt die heutige technische Welt bestimmt. Dieses Schicksal birgt in sich die Frage, ob die Logik endgültig und d. h. zu Recht das Regiment über das Denken führt, oder ob das Denken noch gar nicht, wie ihm gebührt, unter die Obhut des λόγος und seines erst noch zu entfaltenden Wesens gebracht ist.

Wir erwägen hier, uns beschränkend, nur das Folgende: Inwiefern hat das vom λόγος her bestimmte Denken mit dem zu tun, was man »Grundsätze des Denkens« nennt? Dieser Zusammenhang ist offenbar nur dadurch möglich und nötig, daß unser Denken im wörtlichen Sinne von grundsätzlicher Art ist, will sagen, daß der λόγος als solcher den Charakter des Grund-satzes hat. Inwiefern verhält es sich so? Wir müssen uns bei der Antwort mit wenigen Hinweisen zufrieden geben. Das Zeitwort zum Hauptwort λόγος lautet λέγειν und meint lesen im Sinne von sammeln, zusammenlegen. Den λόγος der Logik kennzeichnet Aristoteles als den λόγος ἀποφαντικός, jenes Zusammenlegen, dessen Vermögen darauf geht, durch das Zusammengelegte hindurch — der Weg ist weit — das Zusammen-

-schon-Vorliegende – den weiten Weg als solchen – erscheinen zu lassen. Diese Grundform des Denkens nennt Aristoteles auch einfach ἀπόφανσις. Das Wort ist in seiner Nennkraft nicht zu übersetzen; es meint: das Zum-Scheinen-Bringen des Vorliegenden von ihm selbst her. Wenn wir das Wort ἀπόφανσις durch Dar-legung übersetzen, betonen wir zwar das Vorliegenlassen, aber das eigentümlich Griechische – das Zum-Schein-Bringen – geht verloren.

Achten wir darauf, was über Platons ἰδέα vermerkt wurde, die das Anwesen des Anwesenden, d. h. das Sein als Aussehen und Ansehen bestimmt, dann springt das sachgerechte Ineinanderspiel von ἰδέα und ἀπόφανσις als Sein und Denken in die Augen, falls die unseren vor lauter historischen Kenntnissen über die Philosophie nicht zu blöd geworden sind, um diese in ihrer Einfachheit bestürzenden Sachverhalte noch zu sehen und dies Gesicht nie wieder zu vergessen.

Das Seltsamste indes, was in der Wesensgeschichte des abendländischen Denkens sich begab, ist, daß der alles tragende Zug des λόγος der Logik, die ἀπόφανσις, das entbergende Zum--Erscheinen-Bringen, alsbald verschwindet und zwar zugunsten der anderen Bauform des λόγος, die ursprünglich in der ἀπόφανσις beheimatet ist. Aristoteles bringt sie kurz und bündig ans Licht, wenn er den λόγος als λέγειν τι κατά τινος[5] umgrenzt. Wörtlich übersetzt heißt dies: darlegen etwas in Richtung auf etwas, nämlich darauf, worauf und worüber das Darlegen kommt, wenn es sich dem Anwesenden zuwendet. Dieses Worüber liegt dem Darlegen unter und vor. Im Beispiel gesprochen: Der weite Weg ist das Vorliegende, was im λόγος ἀποφαντικός »Der Weg ist weit« dargelegt wird. Das »weit« wird nicht, wie uns die sprachliche Form der Aussage einreden möchte, dem »Weg« zugelegt, sondern eigens mit dem weiten Weg zusammengelegt, wodurch der Weg sich als der zeigt, der vorliegt. Der Weg kommt als der weite zum Vorschein.

---

[5] Vgl. Aristoteles, Analytica Priora, I, 1; 24 a 16 sq.

Es sieht so aus, als sei von trivialen Sachen die Rede; von trivialen nicht, aber von einfachen, deren Gewicht sich kaum abschätzen läßt. Der immer neu nötige Hinweis auf die Unterscheidung zwischen dem trivial Geläufigen und dem befremdend Einfachen trifft eine Notlage unseres Denkens, die es ihm verwehrt, sachgerecht ins Freie zu finden. Man ist es heute im besonderen Maße gewohnt, daß man nur dort, wo die gewaltsamsten Maschinerien und verwickelten Apparaturen etwas Nutzbares herbeischaffen, diese Ergebnisse allein noch für Entdeckungen hält, wogegen der schlichte Einblick in einfache Sachverhalte für nichts gilt. Das ist merkwürdig; aber dieses Merkwürdige ist eine uralte Gewohnheit menschlichen Meinens, dem das Gemächte eigenen Leistens leicht mehr gilt als die Gabe eines An-rufes oder An-blickes. So bringen wir denn auch nur schwer den rechten Sinn auf für das stille Vorkommnis, daß sich bei der Bestimmung des λόγος der Logik, d. h. des Denkens alsbald der alles tragende Charakter entzieht. Schwindet nämlich, was frühzeitig geschieht, der ἀπόφανσις-Charakter in die Vergessenheit weg, dies, daß Denken ist: Erscheinenlassen, dann drängt sich die genannte Bauform des λόγος in den Vordergrund: das λέγειν τι κατά τινος; dieses wurde in der Folge herausgelöst aus dem Darlegungscharakter, für sich als Beziehung vorgestellt. So finden wir uns denn in die seit langem herkömmliche Vorstellung vom λόγος der Logik versetzt: Er ist die Verbindung eines Subjekts, »der Weg«, mit dem Prädikat »weit«. Die Vorstellung vom λόγος ist sogar richtig; ihre Richtigkeit läßt sich überall durch die grammatische Betrachtung belegen.

Die jetzt erwähnten Sachverhalte nehmen sich zunächst aus wie Themen für die historische Gelehrsamkeit, die eine Geschichte der Logik erzählt. In Wahrheit geschieht jedoch mit dem ganz unauffälligen Zurücktreten und Wegschwinden des ἀπόφανσις-Charakters im λόγος etwas Unheimliches – dies sei ohne Übertreibung gesagt. Was geschieht? Die Bahn wird frei für die Entfaltung des Denkens als Rechnen, Begründen, Folgern. Mit darauf beruht die moderne technische Welt, deren Wesen wir niemals durchdenken können, solange wir uns nicht auf eine Besinnung einlassen, die zeigt, was in der Prägung des Denkens als λόγος, was im Wegschwinden des ἀπόφανσις-Charakters beschlossen liegt. Daß der so geprägte λόγος zum Schicksal der modernen technischen Welt wird, ist nur das Eine. Das Andere – was im Entzug des ἀπόφανσις-Charakters sich vorbereitet, geht uns noch wesentlicher an. Dem können wir erst nachsinnen, wenn wir dem Wegweiser noch entschiedener und weiter zurück folgen, der sagt, das Denken sei vom λόγος her bestimmt; denn nicht dies kann uns jetzt beschäftigen, was der Entzug des ἀπόφανσις-Charakters zur Folge hatte. Wir finden uns vielmehr in die Frage gerufen, was dieses Verschwinden des anfänglich sich zeigenden Wesens des λόγος eigentlich – ist –, jetzt und hier noch ist.

Dieser Frage gehen wir auf einem vielleicht etwas abseitigen Weg nach, indem wir die Mehrdeutigkeit der Rede von »Grundsätzen des Denkens« erörtern. Die zweite Art dieser Mehrdeutigkeit, nämlich die Zweideutigkeit der Rede von »dem« Denken hat sich unterdessen in eine Eindeutigkeit zusammengezogen.

»Das« Denken – dies ist unser abendländisches, vom λόγος her bestimmtes und auf ihn abgestimmtes Denken. Dies heißt beileibe nicht, die Welt des alten Indien, China und Japan sei gedanken-los geblieben. Vielmehr enthält der Hinweis auf den λόγος-Charakter des abendländischen Denkens das Geheiß an uns, daß wir, falls wir es wagen sollten, an jene fremden Welten zu rühren, uns zuvor fragen, ob wir überhaupt das Ohr dafür haben, das dort Gedachte zu hören. Diese Frage wird um so brennender, als das europäische Denken auch darin planetarisch zu werden droht, daß die heutigen Inder, Chinesen und Japaner uns das von ihnen Erfahrene vielfach nur noch in unserer europäischen Denkweise zutragen. So wird von dort und von hier aus alles in einen riesigen Mischmasch umgerührt, worin nicht mehr zu erkennen ist, ob die alten Inder englische Empiristen waren und

Laotse ein Kantianer. Wo und wie soll da ein erweckendes, ins je eigene Wesen zurückrufendes Gespräch sein, wenn von beiden Seiten her die Substanzlosigkeit das Wort führt?

Die jetzt erwogene Eindeutigkeit der Rede von »dem« Denken wird jedoch erst dadurch vollständig, daß sich klärt, inwiefern dieses Denken auf Grundsätze nicht nur angewiesen ist, sondern zugleich von ihm selbst her dahin gewiesen wird, sich um diese Grundsätze als solche eigens umzutun, über sie zu meditieren. Meditare ist dasselbe Wort, das in unserem Lehnwort Medizin steckt; medear heißt sich umtun um etwas, heilsam sorgen. Einer der ältesten Sprüche griechischer Denker, der von Periander lautet: μελέτα τὸ πᾶν[6]: Nimm in die Sorge das Ganze des Seienden: Bedenke das Sein!

Das Denken hält sich an Grundsätze und bedenkt diese eigens, weil das einfache Gefüge des λόγος schon den Charakter des Grund-satzes hat. Diese Behauptung verliert ihr Befremdliches nur, wenn wir das Wort Grund-Satz griechisch und d. h. aus dem unversehrten Wesen des λόγος als λόγος ἀποφαντικός denken.

Satz heißt griechisch θέσις. Wir kennen das Wort aus der Sprache des spekulativen Idealismus, dessen Dialektik aus Thesis, Antithesis, Synthesis her gekennzeichnet werden kann. Hierbei hat aber das Wort Thesis, Satz, den Sinn der Spontaneität, der Tat, der Tathandlung. Denken wir an Fichte, der sagt: Das Ich setzt das Nicht-Ich.[7] Im griechischen Wort θέσις waltet anderes. Θέσις heißt: Vorliegen lassen: das Vorliegende. Dieses Lassen ist freilich keine bloße Passivität, vielmehr ein Tun und zwar ursprünglicher und höherer Art als das im neuzeitlichen Begriff der Thesis, der Setzung, je gedacht und vollbracht werden könnte.

---

[6] Hermann Diels, Die Fragmente der Vorsokratiker. Griechisch und deutsch. 5. Auflage, herausgegeben von Walther Kranz. Berlin 1934. Erster Band, S. 65. (Die sieben Weisen; Periander). Fragment 10 (73 a) ζ.

[7] Vgl. J. G. Fichte, Grundlage der gesamten Wissenschaftslehre (1794). Sämtliche Werke, hrsg. von I. H. Fichte. Band I, Berlin 1845. S. 103.

In der späteren Geschichte des Denkens wird der λόγος ἀποφαντικός oft als einfacher Satz bestimmt, dieser jedoch eher grammatisch von der Prädikation her, nämlich als Verflechtung und Verknüpfung von Satzsubjekt und Satzprädikat begriffen. All dies bereitet sich schon bei Platon und Aristoteles vor, worüber hier nicht zu handeln ist, wo es gilt, den einfachen Satz von der griechisch verstandenen θέσις her als Grundsatz zu kennzeichnen. Der λόγος ἀποφαντικός ist zusammenlegende Darlegung. Er ist θέσις als Vorliegenlassen, nämlich dasjenige, was schon vor und so der Darlegung zum Grunde liegt. Grund heißt hier soviel wie Boden. Wir sprechen vom Erdboden, vom Meeresboden. Der Bauer kennt unter seinen Feldern schlechte Böden, solchen Grund, der nur Mißwuchs hergibt. »Der weite Weg« ist im Beispiel das Vorliegende, der Boden und Grund, den der Satz »Der Weg ist weit« vorliegen läßt und dadurch zum Erscheinen bringt. Grund heißt hier soviel wie: das jeweilig Anwesende. Jeder einfache Satz, der Anwesendes vorliegen läßt, ist in dem jetzt erläuterten Sinne ein Grund-Satz.

Wie steht es aber dann mit jenen Grundsätzen, die auf eine auszeichnende Weise so genannt werden, und dies gerade deshalb, weil sie nicht beliebige einfache Sätze sind wie das angeführte Beispiel: »Der Weg ist weit« oder »Der Himmel ist blau«? In welchem Sinne können der Satz der Identität, der Satz des Grundes nach dem jetzt Gesagten noch Grundsätze heißen? In welcher Beziehung stehen sie zu den gewöhnlichen Sätzen? Die herkömmlich so genannten Grundsätze gehen offenbar jeden Satz als Satz an und d. h. zugleich jenes, was ein gewöhnlicher Satz setzt: nämlich das zum Grunde Liegende und Vorliegende. Was der Satz der Identität setzt, die Identität, liegt aber doch nicht vor wie der Weg, der Berg, der Baum, der Bach u. s. f. Die Identität ist nichts Anwesendes, kein Grund und Boden in diesem Sinne. Aber jedes Anwesende ist als solches, d. h. im Anwesen selber mit ihm selbst dasselbe. Die Identität gehört in das Anwesen als solches; wir finden sie nie als etwas unter anderem Anwesenden vor. Aber kann das Anwesen, was selber nichts Anwesendes ist, dann noch so wie dieses ein Grund heißen? Es kann nicht nur, es muß sogar so heißen und heißt seit langem so; denn was wäre je ein Anwesendes, gründete es nicht im Anwesen. Was wären alle Gründe und Böden, waltete in ihnen nicht jenes Gründen, was jedes Vorliegende betrifft, nämlich in seinem Vorliegen, jedes Anwesende in seinem Anwesen? Wenn wir es einmal vermögen, das im Wort »Anwesen« Genannte nach seiner ganzen Fülle und Weite, die in der griechischen Welterfahrung erblühte, zu denken, dann und nur dann dürfen wir statt Anwesen auch sagen: *Sein.* Anders, d. h. ohne das herzhafte, erfüllte und durchdachte Andenken an das Geschick des Seins aus der griechischen Welt, ohne dieses bleibt das Wort »Sein« ein leerer Schall, eine taube Nuß oder der Name für eine verworrene Vorstellung.

Die vornehmlich so genannten Grundsätze betreffen das Sein des Seienden. Das Sein aber wird von altersher bald mehr, bald weniger entschieden und klar als Grund gedacht. Hier kommt ans Licht, daß dieses Wort »Grund« selber zweideutig ist, insofern es einmal auf Vorliegendes als den anwesenden Boden und Grund deutet, zum anderen aber nichts Anwesendes meint, sondern das Anwesen selber. Die Grundsätze sind Sätze vom Sein des Seienden. Diese Grundsätze heißen aber auch Grundsätze des Denkens und zwar des Denkens, das sich vom λόγος ἀποφαντικός her bestimmt. Indem wir dem Wegweiser folgten, gelangten wir zu einer Eindeutigkeit der Rede von »Grundsätzen des Denkens«. Zugleich aber versetzt uns diese Eindeutigkeit mitten in das Gegeneinander von Fragen, die das gesamte abendländische Denken bewegen und zwar deshalb, weil es vom λόγος her bestimmt ist. Diese Fragen lauten: Gelten die Grundsätze des Denkens, weil sie Sätze vom Sein als dem Grund des Seienden sind? Oder sind sie dieses, weil sie als Gesetze des Denkens das Vorliegende in seinem Vorliegen, das Anwesende in seinem Anwesen erst setzen und so das Sein allererst stiften? Oder sind die Grundsätze des Denkens zugleich die Grundsätze des Seins? Was heißt denn hier »zugleich«? Sind die Grundsätze beides in einer Eintracht oder aus einer Zwietracht? Oder reicht auch das so gerichtete Fragen nach den Grundsätzen des Denkens noch nicht in das Innerste der Sache? Welcher Sache? Es ist die Sache des abendländischen Denkens, die Sache, die in sich strittig ist. Strittig ist nämlich der Vorrang zwischen Denken und Sein, strittig, ob und wie das eine das andere überragt, oder ob sie gar gleichen Ranges sind. Auf diese Möglichkeit hat sich das Denken noch nicht eingelassen. In dem Fall, daß Denken und Sein gleichen Ranges sein sollten – könnte dann schon ein Ausgleich genügen und zwar durch ein Drittes, das beide überragen oder unterlaufen müßte und demnach vor beiden das Erste bliebe? Dem wäre nachzusinnen, gesetzt daß der Streit zwischen Sein und Denken um die Vormacht voreinander sich bislang nicht schlichten ließ. Aber selbst dann, wenn dieser Streit zwischen Denken und Sein ein wesenhafter wäre, gleichsam der Urstreit, gerade dann müßte unser Denken einen Weg suchen, auf dem wir dahin gelangen, diesen Urstreit erst einmal als solchen zu erfahren und anzuerkennen.

Doch wir gehen bereits auf diesem Weg. Der Wegweiser hat uns darauf gebracht, der zeigt: Logik ist die Lehre vom Denken, weil dieses als λόγος bestimmt wird. Allein, wir gehen weiter auf dem so gewiesenen Weg und fragen: Weshalb und auf welche Weise kommt es dahin, daß der Hauptzug des Denkens im λόγος gefunden wird?

Das Denken läßt das Anwesende in sein Anwesen erscheinen, hält sich an das Anwesen, an das Sein des Seienden, an den Grund. Und dieser? In der Frühe des abendländischen Denkens, nämlich für Heraklit, enthüllt sich das Sein selbst als Λόγος. Näheres darüber ist an anderer Stelle gezeigt.

Im Denken Heraklits spricht das Wort Λόγος schon zugleich als Name für das Sein und für das Denken. Λόγος ist das eine und einzige Wort für Sein und für Denken; Λόγος nennt beide in ihrem Wechselbezug und ist so das Wort für den Urstreit zwischen beiden. Leihen wir aus dieser Einsicht dem Wort »Lo-

gik« den gemäßen Sinn, dann ist es nicht mehr der Name für
ein Fach der Schulphilosophie. Logik nennt dann die Stätte, in
der jeweils der Urstreit zwischen Denken und Sein entbrennt.
Der Name »Logik« gewinnt einen großmächtigen Klang. Wenn
wir ihn so hören, merken wir erst, daß es kein Zufall sein kann,
wenn der höchste Gipfel, in den die abendländische Metaphysik aufsteigt, nämlich Hegels »Logik«, diesen Namen trägt.

Jetzt sehen wir plötzlich, daß auch das Weisungsvermögen
des gewählten Wegweisers um einiges weiter reicht, als wir erst
vermuteten. Denn zunächst schauten wir uns nur nach einem
Leitfaden um, der es verstatten sollte, in aller Kürze zu sagen,
was in der Wendung »Grundsätze des Denkens« die Rede von
»dem« Denken meint. Inzwischen kam anderes zum Vorschein,
das sich so sagen läßt: Das Denken ist niemals erst dadurch
»logisch«, daß es die Denkgesetze befolgt, sondern diese Gesetze
gibt es als die Grundsätze, weil das Denken von Hause aus
»logisch«, d. h. Grund-setzend ist und so auf den Grund, d. h.
den Λόγος als das Sein des Seienden verwiesen wird.

Wenngleich wir diese Zusammenhänge nur im groben durchschauen, so muß uns doch aufgehen, an welchem Ort, nämlich
auf dem Felde des Λόγος, sich die Meditation über die Grundsätze des Denkens abspielt. Diese Meditation durchläuft verschiedene Epochen der Geschichte des abendländischen Denkens, bis sie den ihr zubestimmten Spielraum sich bereitstellen
kann. Dies zu beachten, ist ratsam, damit wir den am Satz der
Identität versuchten Übergang aus einer Meditation über den
Grundsatz zur Erörterung dessen, was er setzt, nicht zu leicht
nehmen. Auf dem jetzt beschrittenen Weg ist der Übergang,
falls er dann noch so heißen kann, dadurch angezeigt, daß wir
eine dritte Art der Mehrdeutigkeit in der Rede von »Grundsätzen des Denkens« anführen. Aber schon die Benennung
dieser dritten »Wandlung des Sinnes« möchte sagen, daß, was
jetzt Sätze und Grund und Denken heißt, anders zu erfahren ist:
Satz als Sprung, der Grund als Abgrund, nämlich des Denkens,
das sich aus dem, wohin es springt, auch anders bestimmt.

Erfahren können wir den Sprung nur im Springen, nicht durch Aussagen darüber. Allein, solche können den Sprung vorbereiten, wenn sie von dem sagen, wovon er abspringt, worein er demnach gebunden ist, um ins Freie zu gelangen.

Das Feld des Absprunges ist durch die Überlieferung gegeben. Zwar finden wir schon frühzeitig und alsbald in wechselnder Form Spuren einer Meditation über die Grundsätze. Doch ausdrücklich und auf einer sicheren Bahn kommt sie erst mit dem Beginn der neuzeitlichen Philosophie in Gang und auch hier zunächst nur zögernd, aber gleichwohl bedeutend.

Erst durch Leibniz gelangt die Meditation über die Grundsätze auf einen, wie hier gesagt werden muß, grundsätzlichen Boden, aus dem die Lehre von den Grundsätzen bei Kant und im spekulativen Idealismus hervorwächst. Statt einer näheren Darstellung, die hier nicht möglich ist, sei die Vor-bemerkung wiedergegeben, die Leibniz einer seiner kleinen Abhandlungen voranstellt, die knapp drei Seiten umfaßt und ohne Überschrift ist (Gerh., Philos., VII, 299/301).[8] Die Vorbemerkung lautet: Cum animadverterem plerosque omnes de principiis meditantes aliorum potius exempla quam rerum naturam sequi, et praejudicia etiam cum id maxime profitentur, non satis evitare, de meo tentandum aliquid altiusque ordiendum putavi. »Als ich bemerkte, daß die Allermeisten, die über die Principien nachdenken, eher die Vorstellungen anderer zum Muster nehmen, als daß sie der Natur der Sachen folgen und (dabei) Vorurteile – auch wenn sie das groß verkünden – nicht genügend vermeiden, habe ich bei mir dafür gehalten, von mir aus etwas zu versuchen und einen höheren und gründlicheren Ausgang zu nehmen.«

Es handelt sich um den Ausgangspunkt für das meditare de principiis. Principium, d. h. id quod primum capit – was faßt und festhält und so vorhält das Erste, von woher anderes aus-

---

[8] G. W. Leibniz, Die philosophischen Schriften. Herausgegeben von C. J. Gerhardt. VII. Band, Berlin 1890.

geht, indem es darauf beruht und darin gründet. Principien sind
Fassungen der ersten Gründe. Diesen nämlich, ihrer Natur will
Leibniz nachdenken und dabei in der Ordnung der Meditation
höher steigen. Dies besagt: Leibniz hält die Ordnung fest, in der
Sein und Denken, insgleichen die hier und dort hervorgetrete-
nen Principien beider aufeinander bezogen sind. Leibniz sucht
für diese Ordnung eine tiefere Begründung, – aus dem Wesen
des Seins (esse) und des Denkens, d. h. der wahren Sätze, der
veritates.

Dies sagt: Wenn Leibniz den Grundsätzen nachdenkt, bleibt
er in der Reihenfolge und Ordnung der möglichen Schritte, die
durch das Wesen der Metaphysik und Logik vorgezeichnet sind.
Die Meditation über die Grundsätze bleibt für ihn und die
folgenden Denker von einer Art, daß sich ihr kein Anstoß und
kein Anlaß zeigt, der dahin weisen könnte, aus dem Feld der
Überlieferung abzuspringen. Wo aber in der jetzigen Konstellation von Sein und Denken ein Absprung nötig wird, da
verleugnet er die Überlieferung keineswegs. Er bringt sie sogar
auf seine Weise freier und darum sprechender in ihre Herkunft
zurück. Dies bekundet sich uns darin, daß der Bereich, in den
der Sprung des Denkens gelangt, zwar im Hinblick auf die
Überlieferung, von der er abspringt, der Ab-grund des Denkens
ist, in sich selber jedoch Solches, wohin die frühesten Anfänge
des abendländischen Geschicks selber deuten, gesetzt es glücke,
sie anfänglicher zu erfahren. Wir folgen dann nur dem Wegweiser noch weiter zurück, bis er an eine Wegkreuzung führt.

V. Vortrag

Die Besinnung dieser Vorträge geht einen Weg, auf dem wir versuchen, die Wendung »Grundsätze des Denkens« zu erörtern. Die Besinnung möchte nach jener Ortschaft weisen, zu der Grundsätze des Denkens gelangen, falls wir die Wendung so hören, daß sie sagt: Sprünge[a] des Denkens in den Abgrund, nämlich in den Abgrund des Denkens. Darum liegt viel daran, zu wissen, was es heißt: das Denken.[b]

Wie der Wegweiser zeigt, ist das Denken unser, der Überlieferung verdanktes Denken. Zu dem, was es ist, wird es von altersher durch den λόγος bestimmt. Inwiefern eignet dem so bestimmten Denken eine wesenhafte Beziehung zum Ab--Grund? Antwort: Insofern das Denken den Charakter des Begründens hat. Die Antwort klingt widersinnig.

Begründen heißt griechisch gedacht: λόγον διδόναι, den λόγος, den Grund geben, nicht nur angeben, sondern darlegen, ab- und hergeben: den Grund, das Unterliegende, den Boden vorliegen lassen. Demnach ist das Denken als Begründen eindeutig auf den Grund bezogen und durchaus nicht auf den Ab-Grund. Diesem muß das Denken höchstens ausweichen; denn am Ab-Grund droht dem Denken der Einsturz seines Wesens, nämlich die Einbuße der Möglichkeit, daß es noch einen Grund findet, auf dem es sich gründet, um selbst ein

---

[a] zu »Sprung« im ff. S. 159/60, vgl. Notizen zu »Identität und Differenz« – »Satz« und »Sprung«. Einbrechen – Einkehr.

[b] [Textvariante gem. hs. Erg. der 2. Abschrift:] . . ., was es heißt: das Denken. Wir haben einen Wegweiser, der zur Antwort hinweist. Es ist nämlich der Titel »Logik« als der Name für die Lehre vom Denken. Wie der Wegweiser zeigt, . . .

Begründen sein zu können, etwas begründe.[c] So möchte man meinen.

Indes dürfte es endlich an der Zeit sein, zu fragen, ob denn das Denken je in sein λόγος-mäßiges Wesen, das Begründen, gelangen kann, solange es überall nur auf Gründe bezogen bleibt. Solange dies geschieht, nimmt nämlich das Denken sein Wesen, das Begründen, zwar zum Maß, aber dieses selbst und die Maßgabe kann es nicht bedenken. Wenn das Denken den Bezug zum Grund und den Grund als solchen bedenken soll, kann es sich nicht wieder an einen Grund halten, kann es nicht fernerhin ein Begründen sein wollen. Daher muß das Denken eigens an den Ab-Grund reichen, um den Wesensbereich für den Grund und den Bezug zu ihm freigeben zu können. Beachten wir dies sorgfältiger, dann verliert der Satz, das Denken habe als Begründen eine wesenhafte Beziehung zum Ab-Grund, seinen Widersinn.

Am Ab-Grund findet das Denken keinen Grund mehr. Es fällt ins Bodenlose, wo nichts mehr trägt. Aber muß das Denken notwendig getragen sein? Offenkundig, weil das Denken keine selbstherrliche, in sich abgekapselte Tätigkeit und kein für sich ablaufendes Spielwerk ist. Das Denken bleibt von Hause aus an das zu-Denkende verwiesen, von ihm geheißen.

Doch muß denn das Tragende für alle Fälle den Charakter eines Trägers haben, den die Metaphysik als Substanz oder als Subjekt vorstellt?[d] Keineswegs. Dergleichen wie das Denken kann getragen sein, indem es schwebt. Wie freilich das Denken zu schweben vermag, woher ihm das Schweben kommt, dies zu be-stimmen, bedarf es einer eigenen Erfahrung und Besinnung. Beide sind so eigenartig, daß sie vermutlich erst aus dem Ereignis gedeihen.

Nur solange das zu-Denkende uns im Charakter des Grundes

---

[c] [Textvariante gem. hs. Erg. der 2. Abschrift:] . . ., nämlich die Einbuße der Möglichkeit, daß es noch etwas finde, worauf es anderes gründe und so begründe.

[d] »Tragen« im Sinne von Gewähren – Eignen

angeht, ist das Denken aus der ihm nötigen Entsprechung das Begründen. Woher kommt es, daß seit langem und in allem der Grund das Maß für jegliches Denken und sein Verfahren gibt?

Der Wegweiser hat uns dorthin gewiesen, von woher wir die Antwort auf diese Frage erwarten dürfen. In der Frühe des griechischen Denkens wird jenes, woran es liegt, daß Vorliegendes vorliegt, Anwesendes anwest, Seiendes ist, als der Λόγος bestimmt. So sagt es Heraklit. Wir haben dies einfach anzuerkennen, zwar nicht als den Machtspruch einer Autorität, doch als ein Wort, das unser Denken immer wieder an-denken und prüfen muß. Was heißt »prüfen«? Denn es klingt auch heute noch bestürzend, falls wir das Geläufige abwerfen, wenn das Sein des Seienden als der Λόγος bestimmt wird. Allein, diese Bestimmung, Sein als Λόγος, gehört zugleich in die nächste Nachbarschaft zu derjenigen Erfahrung des Seins, die Parmenides im Sein vernimmt, wenn er es als das Ἕν denkt, die einfach einigende einzige Einheit.

Das Eine-Alles Einende und der Λόγος als Versammlung im Sinne des Ἕν Πάντα gehören aus unscheinbarem Einklang in das Selbe. Dieses Selbe ist das Erste, von woher das Seiende als solches je ein Seiendes ist (Sein? Anwesenheit). Beides, das Ἕν und der Λόγος, sprechen noch und in neuer Entschiedenheit aus der Einheit der dialektischen Vermittlung, als welche das Sein alles Seiende, es gründend, bedingt und als dies Unbedingte das System des Absoluten selber ist. Das Erste von woher, τὸ πρῶτον ὅθεν, heißt ἀρχή — ist als der Λόγος der Grund, der gründet. Weder Heraklit noch sonst einer der großen Denker sagt Sensationelles, sondern das Einfache des unerschöpflich Selben. Darum werden wir für das Denken erst reif, wenn wir den Geschmack am Sensationellen verloren haben.

Das Sein des Seienden lichtet sich im Charakter des Λόγος, d. h. des Grundes. Deshalb darf ein Satz von der Art des Satzes der Identität, der sagt, zum Sein jedes Seienden gehöre: selber mit ihm selbst dasselbe, im ausgezeichneten Sinne ein Grund--Satz heißen.

Wenn nun das vom λόγος her bestimmte Denken sich vor die
Aufgabe gestellt sieht, zu seiner eigenen Sicherung den für es
maßgebenden Grundsätzen nachzudenken, dann kann dies vom
Denken als dem Begründen her nur so geschehen, daß es auch
die Grundsätze noch auf einen ersten und letzten Grund zu-
rückführt. Das durch den λόγος geprägte, als Begründen bestimmte Denken kann somit gar nicht in die Gefahr geraten, an
einen Abgrund zu reichen. Es sieht und findet überall nur
Gründe, auf die und mit denen es rechnet. Der heutige Riesen-
aufmarsch der Rechnerei in Technik, Industrie, Wirtschaft und
Politik bezeugt die Macht des vom λόγος der Logik besessenen
Denkens in einer fast an den Wahnsinn grenzenden Gestalt. Die
ganze Wucht des rechnenden Denkens sammelt sich in den
Jahrhunderten der Neuzeit. An ihrem Beginn setzt auch erst, im
besonderen bei Leibniz, die systematische meditatio de principiis ein.

Mit dieser Bemerkung stellen wir indes nur historisch ein
Vorkommnis innerhalb der Abfolge von Begebenheiten in der
Wissenschaft und im Denken fest. Denken wir die historische
Feststellung jedoch geschichtlich, dann müssen wir sagen: Die
systematische meditatio de principiis prägt erst die Metaphysik
zu einer neuen und eröffnet so den Geschichtsgang der Neuzeit.

Eine weitverbreitete Meinung pflegt bei diesem Sachverhalt
den Hinweis vorzubringen, daß vor allem die neue Stellung und
Ausbildung der Mathematik innerhalb der wissenschaftlichen
Forschung dazu geführt habe, ausdrücklich über Regeln, Gesetze, Methoden und Axiome nachzudenken und um deren
Aufstellung sich zu mühen. Man könnte hier die Schrift von
Descartes beiziehen, die den vielsagenden Titel trägt: Regulae
ad directionem ingenii, Regeln zur Ausrichtung des Erfin-
dungsgeistes. Die Schrift ist in der Tat, auch wenn die Zusammenhänge nicht am Tage liegen, ein Grundbuch des modernen
technischen und d. h. zugleich mathematischen Denkens. Von
altersher gehört zur abendländischen Mathematik die Aufstellung von Axiomen. Allein, die Mathematik denkt nicht deshalb

den Prinzipien nach, weil sie Mathematik ist, sondern weil die griechische Mathematik in einem ausgezeichneten Sinne dem λόγος- und ἀρχή-Charakter des Denkens gemäß bleibt. Beachten wir dies, dann kommt auch das erwähnte Urteil über die Rolle der Mathematik und ihre Bedeutung für das metaphysische Denken ins Lot. Wir müssen fragen: Woran liegt es denn, daß sich in der Neuzeit die Mathematik erneut zu einer maßgebenden Form des Denkens herausbildet? Keineswegs nur an der Fruchtbarkeit der Mathematik als eines methodischen Instrumentes, auch nicht daran, daß seit langem und wieder Maß, Zahl und Figuren »Schlüssel (werden) zu allen Kreaturen«. Das Mathematische findet deshalb so entschiedenen Eingang in die neuzeitliche Metaphysik, weil sich in dieser selbst und für sie etwas Wesenhaftes entschieden hat: nämlich der Wandel des Wesens der Wahrheit zur Gewißheit. Dieser Wandel bestimmt die Wahrheit[e] als die sich wissende, d. h. sich selber gründende Begründung alles Wißbaren aus der Einheit des unbedingten[f] Grundes. Dieser Wandel des Wesens der Wahrheit, den wir mit dem Gesagten nur grob andeuten, ist keine Folge des Einflusses der mathematischen Denkweise, sondern jener Wesenswandel der Wahrheit hat der Mathematik erst den metaphysischen Spielraum dafür geöffnet, daß sie die neuzeitliche Wissenschaft in einer bestimmten Richtung durchherrschen kann. Was ihre eigenen Axiome und Prinzipien dem Wesen nach sind, kann die Mathematik selbst weder sagen noch auch nur fragen. Daß nun gleichwohl heute innerhalb der Mathematik und ihrer Logik Versuche nach dieser Richtung unternommen und für maßgebend, d. h. für grundsätzlich ausreichend gehalten werden, wirft ein Licht auf die eigentlich geschichtlichen Vorgänge in unserem Zeitalter. Sie bewirken eine zunehmende Verblendung hinsichtlich der Grundsätze des Denkens und ihrer Wesensher-

---

[e] [Textvariante gem. hs. Erg. der 2. Abschrift:] Diese entfaltete sich ...

[f] Unbedingt ist der Grund, insofern er selber für sich selbst Grund seiner selbst ist und keines anderen Grundes mehr bedarf. (In welcher Weise west die »Identität« in der Einheit des unbedingten Grundes?)

kunft, weil sie den λόγος-Charakter des Denkens und diesen in seiner modernen mathematisierten Gestalt für unbedingt und für allein maßgebend halten.

Der entscheidende Anstoß zu einer Umwandlung der Logik, die heute im vollen Gange ist, der zufolge die Logik als mathematische Logik und Logistik an der Steuerung der modernen technischen Welt wesentlichen Anteil hat, stammt in gleicher Weise wie die meditatio de principiis aus dem Denken von Leibniz. An dieser Stelle vermerken wir kurz: Der Wegweiser zeigt nicht nur rückwärts in die Herkunft des Denkens aus dem λόγος, er zeigt auch vorwärts in die äußerste Ausformung des rechnenden Denkens und in die zunehmende Verfestigung seiner Herrschaft.

Der Wegweiser trägt den Namen »Logik«. Er weist uns auf den Weg, der erkennen läßt: Das Denken ist vom λόγος her bestimmt. Weiter weisend zeigt der Wegweiser: Logik enthüllt sich jetzt als der Name für die Besinnung auf den Λόγος, als die Stätte des Urstreites zwischen Denken und Sein. Noch weiter zeigend soll, wie es hieß, der Wegweiser an eine Wegkreuzung führen.

Dies ist ein Ort, wo der Weg, auf dem unsere Besinnung über die Wesensherkunft des Denkens schon geht, von einem anderen durchquert wird. Querfeldein heißt: mitten durch die Felder. Vor unseren bisherigen Weg legt sich mitten durch ein anderer quer. Daß dergleichen unserem Weg zustoßen werde, müßten wir schon bemerkt haben, falls wir der ersten Kennzeichnung des Ganges der Erörterung aufmerksam genug gefolgt sind.

Zunächst hieß es, Aufgabe sei, die Mehrdeutigkeit der Wendung »Grundsätze des Denkens« zu klären. Drei Arten der Mehrdeutigkeit wurden aufgezählt: 1. Die Doppeldeutigkeit des Genitivs. 2. Die Zweideutigkeit der Rede von »dem« Denken. 3. Eine Wandlung des Sinnes.

Man sieht leicht: Das an dritter Stelle Genannte ist streng gedacht nicht auch noch eine Art von Mehrdeutigkeit, sondern etwas völlig anderes, was die Wendung »Grundsätze des Denkens« im ganzen betrifft und gleichsam gegen die zuvor genannte Doppeldeutigkeit und Zweideutigkeit quer liegt. Denn gemäß der Wandlung des Sinnes heißt »Satz« nicht mehr Zusammensetzung im Sinne des λόγος ἀποφαντικός, sondern Sprung. »Grund« ist, durchaus verquer aber notwendig, als Ab-Grund verstanden, weil das Wesen des Grundes selber kein Grund mehr sein kann, sondern solches sein muß, von dem die Bestimmung »Grund« abbleibt. Grund-Sätze heißt jetzt: Sprünge in den Abgrund, und zwar Sprünge des Denkens, nämlich in den Abgrund des Denkens. Das Denken springt ab vom Grund, d. h. vom Charakter des Begründens als dem bislang allein maßgebenden, ab vom Grund als dem Sein, das für alles begründend-rechnende Vorstellen des Seienden das zu-Denkende und daher immer auch schon Vorgedachte bleibt. Das Denken springt ab vom Denken und Sein, ab von der λόγος-mäßigen Bestimmung, die zwischen beiden den Urstreit veranlaßt, der schon bei Heraklit durch das einzige Wort Λόγος genannt ist, welcher Λόγος als das ῞Εν Πάντα auch die ῎Ερις heißt: der Streit. Im Absprung läßt das Denken den Urstreit nicht ungeschlichtet hinter sich, sondern es nimmt ihn gleichsam mit sich, um das Schlichte des Zusammengehörens von Denken und Sein an-fänglich zu erfahren. Das Denken blickt darnach aus, ob und wie sich im Sprung der Bereich öffne, worin die Selbigkeit selber west.

So gibt denn das Denken durch sein Springen in den Abgrund den λόγος-Charakter zwar in gewisser Weise preis und vergißt gleichwohl nicht, daß es von Hause aus durch den Λόγος bestimmt sei. Denn es hieß doch, der Wegweiser, der in die Herkunft aus dem λόγος zeige, weise noch weiter über den Urstreit hinaus zurück bis an eine Wegkreuzung. Hier wird der Gang auf dem bisherigen Weg zum Stehen und dadurch der Λόγος erst ganz, d. h. aus dem Ganzen seiner Wesensherkunft in den Blick gebracht, wenn anders der Gang an der Wegkreuzung an sich halten muß.

So steht es in der Tat. Was legt sich gleichsam quer? Dies, daß

λόγος ursprünglich[g] weder das Wort für Denken ist, noch gar
das Wort für das Sein. Vielmehr ist λόγος in der Frühzeit des
Griechentums das Wort für Rede und λέγειν das Wort für reden.
Angesichts dieses in die Quere kommenden λόγος fragen wir:
Was heißt Rede, worin erblicken die Griechen den Hauptzug
der Rede, daß sie das Reden als λέγειν verstehen? Denn von früh
an heißt λέγειν ebenso unbestreitbar soviel wie: sammeln, zu-
sammenbringen und das Eingebrachte vorliegenlassen, vor-
-bringen. Die Philologie behauptet zwar hartnäckig: λόγος bedeutet »eigentlich« Rede. Diese Behauptung ist in dem gleichen Maß richtig, als sie eine Halbheit bleibt. Rede und reden
gehören für uns nach der Gewohnheit in den Umkreis dessen,
was als Sprache und sprechen bekannt ist. Bei dieser Zuordnung
der Rede zur Sprache tun wir so, als wüßten wir, was Sprache
heißt und worin ihr Wesen beruht. Von diesem Wissen sind wir
jedoch weit entfernt. Deshalb gebrauchen wir das Wort »Sprache« mit allem Vorbehalt. Denn es könnte sein, daß Rede und
reden und demgemäß λόγος und λέγειν sich niemals vom Sprechen und von der Sprache her bestimmen lassen. Dies ist denn
auch in der Tat der Fall. Schon unsere eigene Sprache, deren
Schätze wir kaum mehr kennen, bezeugt klar, daß Rede eigentlich nicht das bedeutet, was wir als Sprache vorstellen. Noch im
Mittelhochdeutschen und früher erst recht besagt Rede eindeutig jenes, was auch wir noch meinen, wenn wir sagen: einen zur
Rede stellen, Rechenschaft über etwas, d. h. eine Auskunft verlangen, dies, daß er vorbringe, was vorliegt.

Rede und reden meint nicht sprechen und Sprache im Sinne
der Verlautbarung von Ausdrücken; Rede meint genau das, was
von früh an λέγειν, λόγος heißt: vorbringen, versammelnd zum
Vorschein bringen. Das schönste Zeugnis für diesen Sinn von
Rede und λόγος ist zugleich das älteste, das uns die Überliefe-

---

g [Textvariante gem. hs. Erg. der 2. Abschrift:] anfänglich (statt: ursprünglich)

rung bereithält. Es[h] findet sich in Homers Odyssee im ersten
Buch Vers 56. Das Wort λόγος kommt im ganzen Werk Homers
nur an dieser Stelle vor und zwar im Plural mit zwei Beiwörtern
in der Wendung: μαλακοὶ καὶ αἱμύλιοι λόγοι, »sanfte und berük-
kende Reden«.[1] Αἱμύλιος heißt berückend, bestrickend, bezau-
bernd. Diesen Zug kann der λόγος nur insofern haben, als er
solches erscheinen läßt, was auf sich versammelt, anzieht. Ziehen ist zücken. Er zückt, zieht jäh das Schwert. Das jäh an sich
Ziehende ist das Entzückende, Entrückende und von daher Be-
rückende. Nur insofern der λόγος seinem Wesen nach etwas
aufscheinen und erscheinen läßt, in diesem Sinne zuspielt und
zaubert, kann er auch bisweilen bezaubern und verzaubern, was
nichts anderes ist als eine ausgezeichnete Weise des Versam-
melns, d. h. des λέγειν. Darum heißt λόγος und λέγειν eigentlich
und von früh an nicht Rede und reden im Sinne von sprechen —
sondern? Wir haben dafür in unserer Sprache nur das eine
gemäße Wort und dies lautet: sagen. Ein Hauptzug des Sagens
ist das versammelnde Erscheinenlassen. Jedes Sprechen und
Reden und Schreiben ist eine Weise des Sagens, aber das Sagen
ist nicht notwendig ein Sprechen im Sinne des Gebrauches der
Sprechwerkzeuge.

Μαλακός und αἱμύλιος, »sanft und berückend«, sind nicht
Züge der λόγοι als Reden im Sinne des Sprechens; sie betreffen
nicht das Lautliche, sondern den λόγος als Sagen, der erscheinen
läßt und nur dadurch berücken und bestricken kann.[i]

Was erfahren wir an der Wegkreuzung durch den Einblick in
das früheste Zeugnis für den λόγος? Dies: Der λόγος waltet als
Sagen im Sinne des Scheinenlassens und Vorbringens.

Sagen ist Bringen als Zubringen, das zugleich wegbringt und

---

[h] [Textvariante gem. hs. Erg. der 2. Abschrift:] Das Wort λόγος
[1] Homeri Opera. Scriptorum classicorum Bibliotheca Oxoniensis. Oxonii e
typographeo clarendoniano Londini et novi eboraci apud Humphredum Mil-
ford. (Ohne Jahrgang).
[i] λόγοι — meint nicht zuerst oder gar nur das »Lautliche« der Rede; dieses
selber hat seinen Charakter stets aus der Weise des Sagens.

uns einbringt in das Gesagte. Die sanfte Gewalt des Bringens durchwaltet das Sagen. Von hier aus erkennen wir erst, inwiefern der λόγος zum be-stimmenden Charakter des Denkens werden konnte.

Denken ist[j] νοεῖν, vernehmen: vor- und aufnehmen, d. h. versammeln, das Anwesende in seinem Anwesen zum Vorschein bringen. Weil der λόγος im Wesen das Sagen (Bringen) ist, deshalb konnte er sich auch zu derjenigen Grundform des Denkens ausprägen, die wir als die Aussage, den Satz, kennen und in der Logik als die allein maßgebende anerkennen. Doch die Aussage im Sinne der ἀπόφανσις ist nur eine Weise des Sagens, diejenige nämlich, die das Anwesende in seinem so und so Aussehen zum Vorschein bringt und festlegt.

Jedes Aussagen ist ein Sagen. Aber nicht jedes Sagen ist notwendig ein Aussagen im Sinne des logischen Satzes. Darum kann der λόγος als Aussage niemals zum Leitfaden für eine Besinnung genommen werden, die dem Wesen des Sagens nachgeht. Das Sagen aber ist als das gekennzeichnete Bringen auch niemals nur der nachträgliche sprachliche Ausdruck des Denkens, sondern das Denken ist von Hause aus ein Sagen, vermutlich das anfängliche und alle Weisen des Sagens durchwaltende. Hier trifft uns der entscheidende Wink für den Versuch, von der Sprache und ihrem Wesen zu sprechen. Wenn von Sprache die Rede ist, meinen wir jetzt ihr vom Sagen, vom anfänglich erfahrenen λόγος her bestimmtes Wesen.

Das Denken ist als Sagen auf das Anwesen des Anwesenden, das Sein bezogen. Das Haus des Seins ist, so hieß es früher, die Sprache, diese freilich aus ihrem Wesen gedacht, das sich im Sagen verbirgt. Sein und Denken, der Urstreit beider, hat seine Behausung in der Sprache, deren Wesen im Λόγος anklingt und im Hinblick auf das Sagen zu bedenken ist.

Es gehört zu den Geheimnissen des Geschickes, unter dem das Denken des Griechentums steht, daß zwar frühzeitig das

---

[j] [Textvariante gem. hs. Erg. der 2. Abschrift:] (seit Parmenides)

Wesen der Sprache als λόγος anklingt, daß jedoch dieser Anklang nicht als solcher vernommen und eigens bedacht wird, sondern alsbald verklingt. Statt dessen schlägt die griechische Betrachtung der Sprache eine Richtung ein, die mit mannigfachen Abwandlungen für alle wissenschaftliche Erforschung der Sprache und die philosophische Auslegung des Sprachwesens bis zum heutigen Tag maßgebend geblieben ist. Es ist die von der φωνή, vom Laut, und von der γλῶσσα, der Zunge, lingua her bestimmte Vorstellung der Sprache, die phonetisch-linguistische. Die jetzt in den angelsächsischen Ländern zur Vorherrschaft kommende metalinguistische Betrachtung der Sprache, die Herstellung der »Metasprache«, ist freilich nicht die Befreiung von der Linguistik, sondern ihre perfekte Verfestigung, so wie die Metaphysik die Perfektion der Physik ist.

Das Wesen der Sprache wird nach der herkömmlichen Vorstellung weder vom anfänglich erfahrenen λόγος her gedacht, noch wird das Wesen des λόγος selber ins Freie gebracht, vielmehr wird der λόγος in den verengten Gesichtskreis der »Logik« gezwungen, die ihrerseits der Grammatik als der Lehre von der Sprache im Sinne der Linguistik das Gepräge gibt.

Nunmehr lesen wir erst den Wegweiser vollständig und noch einmal anders. Logik ist nicht nur die Lehre vom Denken. Logik ist nicht nur die Stätte des Urstreites zwischen Denken und Sein. Logik ist – jetzt vom λόγος als dem Sagen her gedacht und dieses als der Wesensanklang der Sprache erfahren – Logik ist das Selbstgespräch der Sprache mit ihrem Wesen.[k]

Der Abgrund, in den das Denken springt, ist das Wesen der Sprache. Dieses Wesen verbirgt sich im Wesen des Sagens. Durch sein Springen wandelt sich das Denken, insofern es anfänglicher in sein Wesen als Sagen einkehrt und zugleich die Rede vom »Wesen« einen entsprechend gewandelten Sinn empfängt.

---

[k] Inwiefern Gespräch? Inwiefern *Selbst*-Gespräch? Was heißt: *mit* ihrem Wesen?

Nun bedarf es keiner weitläufigen Belege dafür, daß wir bei jedem Versuch, in das Wesen der Sprache einzuspringen, uns zunächst von Vorstellungen, Hinsichten und Fragen umdrängt finden, die für alle bisherige Sprachbetrachtung maßgebend geblieben und zur festen Gewohnheit geworden sind. Sie wurden soeben erwähnt. Sie lassen sich kaum mehr überschauen und fruchtbar ordnen, es sei denn, man führe sie mit einiger Gewaltsamkeit auf wenige leitende Horizonte zurück, ein Geschäft, das nicht in den Gang dieses Vortrages gehört.

Weil indes jeder Sprung Absprung aus der Überlieferung bleibt, diese selber zugleich stets an verborgenen Gaben reicher ist, als eine bloße Neuerungssucht meinen möchte, können wir uns den eingewöhnten Vorstellungen von der Sprache nicht sogleich entwinden. Wir dürfen dies selbst dann nicht, wenn sie unser Sinnen in das Wesen der Sprache zeitweilig so irreleiten, daß wir dies erst spät durchschauen.

Wo etwas so umstellt ist wie das Wesen der Sprache, wird schon die Vorbereitung des Sprunges dahin notgedrungen umständlich, umständlicher noch, falls dieser Vergleich erlaubt ist, als die schönsten Dialoge Platons, die, wie man feststellen kann, in ihrem Hin und Her, Vor und Zurück des Sagens und Fragens ohne Ergebnis sind, nämlich für den, der nach Aussagen und nach einer Lehre auf Jagd geht, statt im Sagen der Gespräche das Ungesagte zu hören. Der Nichteingeweihte meint freilich, das Ungesagte sei nur der Rest, der hinter dem Gesagten liegen bleibt. Doch das Ungesagte hat allein im Gesagten seinen Ort und kann nur durch die höchste Kraft des Sagens ein solches werden und sein. Durch das Ungesagte hindurch erblicken wir erst die *Sache* des Denkens in ihrer ganzen Sachheit.

Um einen ersten Blick ins Freie zu gewinnen, um den schon versuchten Blick in das Wesen der Sprache zu verdeutlichen, beschränken wir uns auf einen Sachverhalt. Er wurde an der Wegkreuzung bereits sichtbar, wo der λόγος als Denken im Sinne des λόγος ἀποφαντικός und der λόγος als Rede im Sinne des Sagens aufeinander treffen. Bringen wir dies in eine Formel, dann handelt es sich um die Beziehung zwischen Denken und Sprache. Die Verhandlungen über dieses Thema finden kein Ende, weil sie des rechten Anfangs entbehren. Was fehlt? Der Einblick, daß das Denken nicht für sich abgesondert erörtert werden kann; denn ohne den Hinblick auf den Bezug des Denkens zum Sein haben wir immer nur ein Bruchstück vom Wesen des Denkens vor uns. Wenn wir schon die Beziehung von Sprache und Denken ins Thema bringen, dann müssen wir unsere Besinnung auf das Verhältnis von *Denken* und *Sein* und *Sprache* richten. Dann zeigt sich aber mit einem Schlag die ganze Verlegenheit, in die unser Vorhaben geraten ist. Denn offenbar lassen sich *Denken, Sein* und *Sprache* nicht wie drei Dinge zusammenstellen. Das Verhältnis zwischen Denken, Sein und Sprache ergibt sich nie erst dadurch, daß wir die wechselseitigen Beziehungen zwischen den Dreien zusammenflechten. Das Verhältnis, das sie zu einander hält, ist vielmehr jenes noch Unerfahrene, worin das Zusammengehören von Denken, Sein und Sprache schwingt. Für dieses Verhältnis fehlt uns noch der Blick, aber auch das Gehör für das, was das Wort hier sagt. Wir suchen nach Aushilfen, um das Verhältnis der genannten Drei gleichwohl in den Blick zu bringen, und erfahren dabei, daß wir selber in dieses Verhältnis gehören, indem wir, darin gebraucht, es bewohnen und an ihm bauen. Das Verhältnis von Denken, Sein und Sprache liegt uns also nicht *gegenüber*. Wir sind selber in es einbehalten. Wir können es weder überholen, noch auch nur einholen, weil wir selbst die in dieses Verhältnis Eingeholten sind. Daran mögen wir merken, daß die Umständlichkeit und Unbeholfenheit, durch die unser Nachdenken hindurch muß, nicht nur der Begrenztheit unseres Vermögens entstammen, sondern wesenhaft sind. Dies gibt indes kein Recht zu einem Jammer über das Elend des Menschen, ist jedoch ein Anlaß zum Jubel über die Fülle der Rätsel, die dem Denken aufgespart bleiben.

Wie fügt sich nun aber das Verhältnis von Denken, Sein und Sprache, in das wir als Denkende gehören? Wir dürfen nicht aus dem Blick verlieren, was der Wegweiser zuletzt zeigte. Formelhaft läßt es sich so festhalten: Sein und Denken, sie selbst in ihrem Zusammengehören, werden auf den λόγος als Sagen und somit auf die Sprache zurückverlegt. Die Sprache zeigt sich als der Grund, Denken und Sein als dessen Erscheinungen. Denken und Sein gründen in der Sprache. Sie gibt dem Verhältnis den Halt.[1]

Doch fallen wir, wenn wir den Sachverhalt so darlegen, nicht in die Vorstellungen von Grund und Gründen zurück, jetzt, da wir uns in der Gegend des Abgrundes aufhalten sollen? Aber auch wenn wir uns für den Augenblick durch diesen Rückfall nicht stören lassen, werden wir uns gegen die Aussage wenden, die uns ansinnt, die Sprache als den Grund für Sein und Denken vorzustellen.

Die Sprache ist, ob als sprechen oder reden oder sagen vorgestellt, eine Tätigkeit des Menschen. Läßt sich das Sein denn je als ein Erzeugnis des Menschen erklären? Offenkundig nicht. Eher schon das Denken, insofern der Mensch denkt, weil er spricht. Oder spricht er, weil er denkt? Oder gilt keines von beiden zureichend? Indes bietet sich doch noch ein Weg an, um der Sprache im Ganzen der Beziehung zwischen Denken, Sein und Sprache eine ausgezeichnete Rolle zuzubilligen. Wenn man die Sprache als Ausdruck von etwas und als Zeichen für etwas vorstellt, dann ergibt sich: Sein ist Sprache, insofern Sein durch die Sprache ausgesprochen wird. Denken ist Sprache, insofern es sich im Sprechen ausdrückt. Von altersher hat man und nicht grundlos die Vorstellung des Zeichens zuhilfe genommen, um das Sprachliche der Sprache vorzustellen. Deshalb dürfen wir diese althergebrachte Hinsicht, in der uns die Sprache fast wie von selbst zu Gesicht kommt, wenn man frägt, was sie sei, keineswegs gering achten. Selbst dann nicht, wenn wir erkannt

---

[1] Vgl. jetzt »Kants These über das Sein« (1961), 1963, S. 32 ff. [Martin Heidegger, Gesamtausgabe Bd. 9 Wegmarken, S. 445-480, hrsg. v. Friedrich-Wilhelm v. Herrmann, Frankfurt am Main 1976]

haben, daß diese Hinsicht, die uns die Sprache als Ausdruck vorstellt, das verfänglichste Hindernis für die *Einkehr*ᵐ in das Wesen der Sprache bleibt.

Aber jetzt gilt es zu beachten, daß die umfassende Leistung, die der Sprache als Ausdruck für Sein und Denken gewiß zukommt, gleichwohl das nicht trifft, woran gedacht ist, wenn wir sagen: Das Wesen der Sprache ist das Haltende im Verhältnis, das Sein und Denken in ihrem Zusammengehören zueinander hält. Diese Aussage, wenn es eine ist, behält ihr Befremdliches. Wir neigen eher dazu, das genannte Verhältnis anders zu ordnen und zu sagen: Sprache und Denken gründen im Sein; denn beide sind etwas Seiendes, das Sein aber hat den Charakter des Grundes. Sprache und Denken gründen im Sein, ohne dieses wären sie nichts.

Doch im selben Augenblick sind wir auch daran erinnert: Sein als Grund bestimmt das Denken zum Begründen. Diese Beziehung von Grund und Begründen entstammt dem Urstreit des Λόγος. Der Λόγος aber ist nach der am weitesten zurückreichenden Weisung des Wegweisers die Rede, das Sagen. Demnach waltet im Urstreit des Λόγος als das eigentlich Strittige der λόγος im Sinne des Sagens. So dunkel und befremdlich uns das Verhältnis von Sprache, Denken und Sein vorkommen mag, es zeigt ein Gepräge und Gezüge, dem wir entgegenblicken müssen, wenn wir den Wegweiser und sein Weisungsvermögen nicht eigenmächtig außer acht lassen wollen.

Blicken wir anhaltender in das Gewiesene, dann kann uns nicht entgehen: Der λόγος erscheint da nicht als Sprache im Sinne der sprechenden Verlautbarung, nicht als Ausdruck. Der λόγος ist das Sagen im Sinne des Erscheinenlassens. Wir müssenⁿ die Sprache, wenn wir ihr Wesen suchen, im Hinblick auf das Sagen erörtern und dürfen die Sprache nicht mehr nur als Sprechtätigkeit erläutern und erklären.

ᵐ somit nicht »Sprung«!

ⁿ [Textvariante gem. hs. Erg. der 2. Abschrift:] Woher das »Müssen«?

Die jetzt nötige Erörterung birgt in sich den Sprung des Denkens in seinen Abgrund – in das Wesen der Sprache. »Wesen« meint hier nicht mehr Grund der Möglichkeit, nicht mehr essentia, Wesenheit als oberste Gattung, nicht mehr das τὸ τί ἦν εἶναι des Aristoteles, nicht mehr das »Wesen« im Sinne der Logik Hegels. Wesen ist das Währen als Gewähren und dieses das Ereignen. Das Wesende der Sprache als des Sagens ist der Be-reich. Dieses Wort wird hier als Singularetantum beansprucht. Es nennt etwas Einziges, Jenes, worin alle Dinge und Wesen einander zu-gereicht, überreicht werden und so einander erreichen und einander zum Heil und Unheil gereichen, einander ausreichen und genügen.[o]

In dem[p] Bereich allein ist auch das Unerreichbare zuhaus. Der jetzt als das Wesende des Sagens zu erfahrende Bereich ist das Reich des Spiels, darin alle Beziehungen der Dinge und Wesen zueinander-spielen und sich spiegeln. Sagen ist Reichen im Sinne des Be-reichs. Der Hinweis darauf läßt uns das Wesen der Sprache als Sagen nur entfernt ahnen. Der Bereich ist die Ortschaft, in der Denken und Sein zusammengehören.

Die Ortschaft ist selber das Ver-hältnis beider. Dieses Ver--hältnis wurde früher durch die Wendung angedeutet: Die Sprache ist das Haus des Seins. Haus heißt hier genau das, was das Wort sagt: Hut, Wahrnis, Be-hältnis, Ver-hältnis. »Sein« meint in der Rede vom Haus des Seins das Sein selbst.[q] Dies heißt aber gerade: Das Zusammengehören mit dem Denken, welches Zusammen*gehören* erst das Sein als Sein bestimmt. »Die Sprache« ist in der genannten Wendung nicht als Sprechen und darum nicht als bloße Tätigkeit des Menschen vorgestellt, sondern als Haus, d. h. als Hut, als Ver-hältnis.

Das Verhältnis wurde mehrfach angedeutet durch einen anderen Hinweis, der sagt: Die Sprache spricht und nicht der

---

[o] [Textvariante gem. hs. Erg. der 2. Abschrift:] Das Zu-reichende, »Hinreichende«, Er-reichern (mehren).

[p] [Textvariante gem. hs. Erg. der 2. Abschrift:] so gedachten

[q] und die ontologische Differenz

Mensch. Der Mensch spricht nur, insofern er der Sprache entspricht.

Die Sprache spricht. Dies hört sich zunächst an wie eine Tautologie, bei der man sich außerdem nicht vorstellen kann, wie die Sprache sprechen soll, da sie selber doch nicht mit Sprechwerkzeugen ausgestattet ist. Was sich wie eine Tautologie ausnimmt, die Sprache spricht, ist jedoch der Hinweis darauf, daß das Sprachwesen in sich selber spielt, dadurch freilich nicht sich in sich verstrickt, sondern sich freigibt in das allein durch es selbst bestimmte Freie der anfänglichen Freiheit.

Diesem Sachverhalt kommen wir dadurch näher, daß wir dem Verhältnis nachsinnen, das als der Bereich das Zusammengehören von Denken und Sein aushält. Doch was heißt in der Rede »Die Sprache spricht« dieses »spricht«, wenn es nicht »sprechen« meinen kann im Sinne der Betätigung der Sprechwerkzeuge?

Die Sprache spricht als Spruch, als Zuspruch und Anspruch. So spielerisch ist die Sprache, daß sprechen, wie in diesem Fall, dasselbe meint, wie sagen. Sonst aber lehrt es die Sprachlehre anders, indem sie erklärt: Die Zeitwörter »sprechen« und »reden« können absolut gebraucht werden im Unterschied zum Zeitwort »sagen«. Im Sagen liegt stets die Beziehung auf etwas zu-Sagendes und Gesagtes. Das Sagen ist relativ darauf. Wenn wir den Sinn der Zeitwörter »sprechen«, »reden«, »sagen« genauer bedenken, müssen wir freilich gegen die Sprachlehre betonen, daß erst und nur im Sagen das ganze Wesen der Sprache und in diesem Sinne absolut zum Vorschein kommt. Nur äußerlich, grammatisch vorgestellt, sind das Sprechen und Reden absolut, d. h. hier: losgelöst und abgeschnitten vom vollen Sprachwesen gebraucht.

Einer spricht. Jemand redet . . . Er redet vielleicht darauf los, weil er nichts zu sagen hat. Und einer spricht endlos und alles ist nichtssagend. Dagegen kann einer schweigen und auf solche Weise viel sagen, während es kein vieles sprechendes Schweigen gibt. Auch und gerade die sprachlose Gebärde schwingt im Sagen, nicht weil es eine Gebärden- und Formensprache gibt, sondern weil das Wesen der Sprache im Sagen beruht. Die Gebärden sind nicht zuvor bloße Gebärden, drücken dann etwas aus und werden demzufolge eine Sprache, sondern die Gebärden sind in sich, was sie sind, aus dem Sagen, darin ihr Tragen, Ertragen und Zutragen je schon versammelt bleiben. Das Tragen nach der Weise der Gebärden wird be-stimmt aus dem Sagen und ist darum stets ein Schwingen des Ver-haltens. Das Gebärdenhafte stimmt erst alle Bewegungen. Das Unwesen der Gebärde ist die Geste. Die reinen Gebärden sind sprachlos, aber sie nicht nicht wortlos. Sie sind dies so wenig, daß sie stets aus und in einem Sagen gereicht[r] werden. Das nicht sprachliche Wesen der Sprache schwingt im Sagen. Sagen sagt stets etwas und nur darum auch bisweilen nichts. Etwas sagen ist zugleich stets einem, zu einem Hörenden sagen. Aus dem Sagen spricht die Sprache. Das Wesen der Sprache ist die Sage. Wir gebrauchen dieses Wort »Sage« – wie viele Worte unserer Sprache – jetzt meist in einem herabmindernden Sinne: Sage als bloße Sage, etwas nicht Verbürgtes und darum Unglaubwürdiges. So ist die Sage hier nicht gemeint, wenn dies Wort in das Wesen der Sprache winken soll. Eher schon im Sinne von Sage, die als Mär mit dem Märchen zusammengebracht wird. Vermutlich ist das Wesen der Sprache das eigentlich Märchenhafte.

Wir Menschen können nur sagen, insofern wir dem Wesen der Sprache als der Sage schon zugesagt, versprochen sind. Doch was heißt eigentlich »sagen«? Wir erhielten eine erste Antwort, indem wir auf das hörten, was das griechische λέγειν und λόγος sagen: erscheinen – und scheinen lassen – zaubern. Dasselbe meint unser[s] Wort sagan; es bedeutet zeigen, weisen, sehen – und vernehmen lassen. Sagen ist das entbergend-verbergende Zeigen und Weisen, das so bestimmte Dar-reichen zu . . . und hin- und her-Reichen. Die Sage ist der Be-reich dieses winkend-zeigenden Reichens.

---

[r] [Textvariante gem. hs. Erg. der 2. Abschrift:] ihr Reichen vollbringen.
[s] [Textvariante gem. hs. Erg. der 2. Abschrift:] deutsches

Zeigen bedarf seinem ursprünglichen[t] Wesen nach gerade nicht der Zeichen, d. h. Zeigen ist nicht nur das Benützen von Zeichen, sondern das Zeigen als Erscheinenlassen ermöglicht erst Stiftung und Nutzung[u] von Zeichen. Nur weil die Sprache im Wesen Sage ist, im ursprünglichen Sinne zeigend[v], gibt es für das Reden und Sprechen Laut- und Schriftzeichen. Nur weil die Sprache im Wesen Sage ist und als solche zeigt, kann dieses Zeigen ein Sehenlassen von Anblicken und Zublicken werden, was wir Bilder nennen und was die Schrift nicht nur als Laut-schrift, sondern als Bilderschrift hervorruft.[w]

Erst aus der zureichenden Erörterung des Sagens verstehen wir den ursprünglichen λόγος-Charakter des Denkens. Das Denken ist im Wesen das Sagen. Das Dichten ist das Singen. Jedes Singen ist ein Sagen, aber nicht jedes Sagen ist Singen.

Die Wortwurzel von »sagen« wird auf das indogermanische sequ zurückgeführt, was im Griechischen ἐπ – ἔπος – ἔνεπε wiederkehrt und im ersten Vers von Homers Odyssee zu hören ist: Ἄνδρα μοι ἔννεπε, Μοῦσα, πολύτροπον . . .;[2] »Den Mann mir sage, Muse, den vielumgetriebenen . . .« Die Muse singt, indem sie sagt und dem Sänger die Sage zu-sagt. Dergestalt sind dann Gesang und Gedank, die jeweiligen Versammlungen des Sin-gens und Denkens, beide im selben Wesen, im Sagenhaften der Sage zuhaus. So haben z. B. Antigone und Oedipus und Teiresias in den Dramen des Sophokles nicht als psychologisch trainierte Sprecher gesprochen, sie haben gesagt und darum gesungen. Im Sagen ließen sie erscheinen, was sie erblickten, nämlich das, was sie selber anblickte.

Von dem jetzt Erörterten aus gedacht, werden dann Gedan-

---

[t] [Textvariante gem. hs. Erg. der 2. Abschrift:] eigensten (statt: ursprüng-lichen)

[u] [Textvariante gem. hs. Erg. der 2. Abschrift:] Verwendung (statt: Nut-zung)

[v] [Textvariante gem. hs. Erg. der 2. Abschrift:] das Welt-weisende Zeigen (statt: im ursprünglichen Sinne zeigend)

[w] Das Wesen von Bild aus dem »Gehörig«.

[2] a.a.O., vgl. oben S. 161, Anm. 1.

ken über die Sprache verständlich, die wir aus der Zeit der deutschen Klassik und Romantik hörten, z. B. das Wort von Joh. Georg Hamann: »Poesie ist die Muttersprache des menschlichen Geschlechts.«[3] Demgemäß müßte das Wesen der Sprache aus dem Wesen der Dichtung verstanden werden. So hieß es in dem Vortrag »Hölderlin und das Wesen der Dichtung« aus dem Jahre 1936.[4] Woher aber ist das Wesen der Dichtung zu denken? Aus dem Sagenhaften des Bereiches, der erst das Denken und das Dichten ihrem je eigenen Wesen überreicht.

So müßten wir denn auch das Wort Hölderlins, das vielwinkende, »Dichterisch wohnet / Der Mensch auf dieser Erde« um einen Sprung tiefer denken, um es ganz anzueignen. Dichterisch wohnet der Mensch, weil er sagenhaft dem Wesen der Sprache als der Sage zugesagt ist.

Wir kommen dem Verhältnis, das Dichten und Denken auseinander und zueinander hält, nicht nahe, solange wir es auf die Folter der Beziehung zwischen Poesie und Philosophie spannen.

Grund-Sätze des Denkens sind Sprünge in das Wesen der Sprache, das wir die Sage nennen. Ihr Sagenhaftes ist jenes mannigfaltige Reichen, als welches der Bereich in sich selber schwingt. Der Bereich ist die Ortschaft der Identität von Denken und Sein.

Denken ist sagen, aber nicht notwendig reden und sprechen und schreiben. Denken ist sagen, aber nicht notwendig aussagen im Sinne des λόγος ἀποφαντικός der Logik, nicht notwendig durchsagen im Sinne des λέγειν als διαλέγεσθαι der Dialektik.

Freilich haben wir zum Wesen der Sage und ihrem Sagenhaften noch gar wenig zu sagen. Wir müssen erst einmal das am meisten Befremdliche erfahren und aushalten: Daß das Wesen

---

[3] Johann Georg Hamann, Aesthetica in nuce. Sämtliche Werke. Historisch-kritische Ausgabe von Josef Nadler. Wien 1950. II. Band, Schriften über Philosophie/Philologie/Kritik 1758-1763. S. 197.

[4] Martin Heidegger, Hölderlin und das Wesen der Dichtung (1936). In: Erläuterungen zu Hölderlins Dichtung. Jetzt in: Gesamtausgabe, Band 4, hrsg. von Friedrich-Wilhelm von Herrmann. Frankfurt am Main 1981. S. 33-48.

der Sprache vor allem Sein und Denken und vor dem Zusammen*gehören* beider für dieses das in sich schwingende Spiel der Ortschaft ist, als welcher Bereich die Sage alle Dinge[x] und Wesen einander überreicht und sie so für uns darreicht, daß wir sie allenthalben erreichen und verfehlen.

Noch befremdlicher wäre allerdings, wenn das Befremdende des in sich spielenden sagenhaften Bereiches – das Sprachwesen – nicht doch hie und da aufblitzte und wir es nicht lernten, auf weiten Wegen zwar, das Nachleuchten solcher Blitze bisweilen zu erblicken. Das Zeugnis eines solchen Blitzes sei zum Schluß genannt. Die Überschrift heißt: »Monolog«; der Text lautet: »Es ist eigentlich um das Sprechen und Schreiben eine närrische Sache; das rechte Gespräch ist ein bloßes Wortspiel. Der lächerliche Irrtum ist nur zu bewundern, daß die Leute meinen – sie sprächen um der Dinge willen. Gerade das Eigentümliche der Sprache, daß sie sich bloß um sich selbst bekümmert, weiß keiner. Darum ist sie ein so wunderbares und fruchtbares Geheimnis, – daß wenn einer bloß spricht, um zu sprechen, er gerade die herrlichsten, originellsten Wahrheiten ausspricht. Will er aber von etwas Bestimmtem sprechen, so läßt ihn die launige Sprache das lächerlichste und verkehrteste Zeug sagen. Daraus entsteht auch der Haß, den so manche ernsthafte Leute gegen die Sprache haben. Sie merken ihren Mutwillen [d. h. die Neigung der Sprache zum Übermut], merken aber nicht, daß das verächtliche Schwatzen die unendlich ernsthafte Seite der Sprache ist. Wenn man den Leuten nur begreiflich machen könnte, daß es mit der Sprache wie mit den mathematischen Formeln sei. – Sie machen eine Welt für sich aus – sie spielen nur mit sich selbst, drücken nichts als ihre wunderbare Natur aus, und eben darum sind sie so ausdrucksvoll – eben darum spiegelt sich in ihnen das seltsame Verhältnisspiel der Dinge. Nur durch ihre Freiheit sind sie Glieder der Natur, und nur in

---

[x] [Textvariante gem. hs. Erg. der 2. Abschrift:] . . . schwingende Spiel ist, als welches die Sage, der Bereich alle Dinge und Wesen . . .

ihren freien Bewegungen äußert sich die Weltseele und macht
sie zu einem zarten Maßstab und Grundriß der Dinge. So ist es
auch mit der Sprache – wer ein feines Gefühl ihrer Applikatur,
ihres Takts, ihres musikalischen Geistes hat, wer in sich das
zarte Wirken ihrer innern Natur vernimmt, und danach seine
Zunge oder seine Hand bewegt, der wird ein Prophet sein,
dagegen wer es wohl weiß, aber nicht Ohr und Sinn genug für
sie hat, Wahrheiten wie diese schreiben, aber von der Sprache
selbst zum besten gehalten und von den Menschen, wie Kas-
sandra von den Trojanern, verspottet werden wird. Wenn ich
damit das Wesen und Amt der Poesie auf das deutlichste angegeben zu haben glaube, so weiß ich doch, daß es kein Mensch
verstehn kann, und ich ganz was Albernes gesagt habe, weil ich
es habe sagen wollen, und so keine Poesie zustande kommt. Wie,
wenn ich aber reden müßte? und dieser Sprachtrieb zu sprechen
das Kennzeichen der Eingebung der Sprache, der Wirksamkeit
der Sprache in mir wäre? und mein Wille nur auch alles wollte,
was ich müßte, so könnte dies ja am Ende ohne mein Wissen
und Glauben Poesie sein und ein Geheimnis der Sprache verständlich machen? Und so wäre ich ein berufener Schriftsteller,
denn ein Schriftsteller ist wohl nur ein Sprachbegeisterter? –«

Das Zeugnis stammt von Fr. v. Hardenberg (Novalis), ist der
Entwurf zu einem Beitrag für das »Athenäum« und wurde
1799/1800 geschrieben.[5] Vieles bleibt in diesem Monolog des
λόγος dunkel und verwirrend, zumal er nach einer anderen
Richtung denkt und in einer anderen Sprache spricht als die in
diesen Vorträgen versuchte.

Inzwischen hat sich gewiß schon das Bedenken festgesetzt,
hier werde die Sprache, oder doch ihr Wesen verabsolutiert. So
sieht es in der Tat aus, solange wir, im Vorstellen beharrend, das
Sprachwesen wie etwas Vorhandenes und Vorgegebenes neh-

---

[5] Novalis, Briefe und Werke. Hrsg. von Ewald Wasmuth. Berlin 1943. Band
III, S. 11 f.

men, statt in das Verhältnis einzuspringen[y], das die Sage als der Bereich *ist*, in welches Verhältnis wir selbst einbehalten sind.

Der Hinblick darauf bringt jedoch unser Denken vor den Anspruch, einmal zu prüfen, ob die in den Worten Verhältnis, Bereich, Sage, Ereignis genannten Sachverhalte noch durch Begriffe vorzustellen sind. Die Besinnung erwacht, ob nicht ein Denken verlangt ist, dessen Sprache dem Wesen der Sage und der Sage des Wesens entspricht und darum auch keine abgewandelte Terminologie der Metaphysik benützen kann. Dieses andere Denken muß in den unverbrauchten Wortschatz unserer Sprache zurückhören, darin ein ungebrauchtes Sagen wartet, um dem Denken des Ungedachten ins Wort zu helfen. Niemals jedoch kann dieser Wortschatz von sich aus dem Denken schon das Wagnis seines Weges abnehmen.

Das Denken liefert sich jedoch auch nicht der Sprache aus, sondern erörtert das Sprachwesen in die Wesensherkunft der Sage, jenes Verhältnis, in das wir einbehalten sind.

Wir bleiben auf dieser Erde im Verhältnismäßigen angesiedelt. Jemand, der es nur auf das Rechtbehalten absieht, statt auf die Erfahrung der Sache und ihres Anspruches, könnte dem entgegnen: Dann ist eben das Verhältnismäßige das Absolute. Richtig. Doch bleibt die Frage, ob wir im Denken mit bloßen Richtigkeiten auskommen und mit ihrer Hilfe je sagen können, was dies denn heißt: absolut.

Schwerer wiegt zunächst ein anderes Bedenken. Wenn wir sagen: Der Abgrund des Denkens ist das Wesen der Sprache. Ihr Wesen ist die Sage. Die Sage ist der Bereich des winkend-zeigenden Reichens. Der Bereich *ist* als die Ortschaft des Zusammengehörens von Denken und Sein — wenn wir dies sagen, sieht es so aus, als folgten wir nur einer Kette von Aussagen. Was so aussieht und auch jederzeit ausschließlich so genommen werden kann, ist jedoch zugleich ein Wink in ein Sagen, das von

[y] Metaphysisch gesprochen; wir können nichts er-springen. Wir dürfen nur finden in einem Suchen anderen Wesens.

ihm selber umringt und dadurch gerade offen bleibt, wie eben
ein Ring, der als Ring zwar geschlossen, aber als geschlossener
gerade rundum ein Lichtes und Freies verwahrt, darin vielleicht Ungesagtes anspricht, ohne sich selbst zu zeigen.

Es gibt ein Gespräch über Malerei, das erörtert, inwiefern das
Gemalte der Farben erst die Zeichnung und den Riß eines
Bildes bildet und enthält, jedoch so enthalten soll, daß sich die
Zeichnung im Bild nicht eigens zeigt. Bei diesem Gespräch sagt
Cézanne:

»Man muß die Leute nicht am Ärmel ziehen.«[6]

[6] [Vermutlich eine freie, ins Sprichwörtliche zielende eigene Übersetzung
Heideggers der folgenden Äußerung Cézannes: »Personne ne me touchera
[...] ne me mettra le grappin dessus. Jamais! Jamais!«] Vgl. Emile Bernard,
Souvenirs sur Paul Cézanne. Mercure de France, September/Oktober 1907.

Der hier vorgelegte Band 79 enthält die vollständige Fassung des Bremer Vortragszyklus »Einblick in das was ist« aus dem Jahre 1949 und des Freiburger Vortragszyklus »Grundsätze des Denkens« aus dem Jahre 1957. Beide Vortragszyklen gaben zum Zeitpunkt ihres mündlichen Vortrags und der nachfolgenden teilweisen (siehe unten) Veröffentlichung einem breiteren Publikum erstmals einen – wenngleich noch begrenzten – Einblick in das seynsgeschichtliche Denken des späten Heidegger und erfuhren demgemäß eine entsprechende Aufmerksamkeit. Die »Bremer Vorträge« dokumentieren zugleich Heideggers erstes öffentliches Auftreten nach dem Zweiten Weltkrieg.

Den Vortragszyklus »Einblick in das was ist« hielt Heidegger am 1. Dezember 1949 im Club zu Bremen und wiederholte ihn am 25. und 26. März 1950 auf Bühlerhöhe. Die vier Vorträge sind betitelt: »Das Ding«, »Das Ge-Stell«, »Die Gefahr«, »Die Kehre«. Den ersten Vortrag »Das Ding« hielt Heidegger unter dem Titel »Über das Ding« in einer geringfügig erweiterten Fassung außerdem in der Bayrischen Akademie der Schönen Künste zu München am 6. Juni 1950. Die erste Veröffentlichung erfolgte 1954 in dem Sammelband »Vorträge und Aufsätze«, S. 163 ff. Teile des zweiten Vortrags »Das Ge-Stell« dienten als Grundlage des ansonsten völlig neu gestalteten und erweiterten Vortrags »Die Frage nach der Technik«, den Heidegger am 18. November 1953 in der von der genannten Akademie veranstalteten Reihe »Die Künste im technischen Zeitalter« hielt und 1954 im Band III, S. 70 ff., des Jahrbuches dieser Akademie (R. Oldenbourg, München) veröffentlichte. Weitere Veröffentlichungen erfolgten noch im selben Jahr in »Vorträge und Aufsätze«, S. 13 ff., sodann 1962 in »Die Technik und die Kehre«, Opuscula 1, S. 5 ff. Der dritte Vortrag »Die Gefahr« wurde außerhalb des Vortragszyklus nicht wiederholt und blieb unveröffentlicht. Gleichwohl wurde aus im Umlauf befindlichen Nachschriften dieses Vortrags in der Sekundärliteratur mehrfach ohne Genehmigung zitiert. Der vierte Vortrag »Die Kehre« wurde 1962 in »Die Technik und die Kehre«, S. 37 ff., nach der gehaltenen Fassung veröffentlicht.

Die erste Niederschrift der »Bremer Vorträge«, die noch keine Unterteilung in die vier Vorträge enthielt, notiert Heidegger für Oktober 1949 auf der Hütte. Die erste (handschriftliche) Reinschrift, die die obengenannte Untergliederung enthält, erfolgte dann in Freiburg und Meßkirch im November 1949, eine zweite ebenfalls handschriftliche Reinschrift im März 1950. In der letzteren sind die ersten sieben Absätze des Ding-Vortrags unter dem Titel »Der Hinweis« aus diesem ausgegliedert und so dem ganzen Vortragszyklus vorangestellt.

Der hier vorgelegte Text orientiert sich an der zweiten handschriftlichen Reinschrift Heideggers und an zwei hiervon gefertigten maschinenschriftlichen Abschriften, die von Heidegger durchgesehen und mit Randbemerkungen versehen wurden. Die Randbemerkungen wurden im Drucktext durch mit Kleinbuchstaben gekennzeichnete Marginalien wiedergegeben. Vom vierten Vortrag »Die Kehre« lag neben der Handschrift lediglich eine maschinenschriftliche Abschrift vor. Handschrift und maschinenschriftliche Abschriften wurden von der Herausgeberin kollationiert, kleinere Lesefehler korrigiert.

Dem Vortrag »Das Ding« wurde ein Nachtrag zur Manuskriptseite 9 (vgl. S. 11, Marginalie a) und einige nicht ausformulierte Entwürfe zu diesem Vortrag (vgl. S. 22 f.) beigegeben. Der vierte Vortrag »Die Kehre« ist in der hier vorgelegten Fassung nahezu identisch mit der schon veröffentlichten Fassung. Diese bietet lediglich an zwei Stellen einen Satz bzw. einen Teilsatz mehr (vgl. Opuscula 1, S. 44 und 46).

* * *

Die fünf »Freiburger Vorträge«, die den zweiten Teil des Bandes 79 bilden, hielt Martin Heidegger im Sommersemester 1957 unter dem Titel »Grundsätze des Denkens« im Rahmen des Studium Generale an der Universität Freiburg.

Den ersten Vortrag dieses Zyklus veröffentlichte Heidegger unter dem Titel des Gesamtzyklus »Grundsätze des Denkens« in überarbeiteter Form in der Festschrift für Victor v. Gebsattel im »Jahrbuch für Psychologie und Physiotherapie«, 6. Jahrgang, Heft 1-3, 1958, S. 33-41. Der dritte und bekannteste Vortrag dieses Zyklus wurde von Martin Heidegger unter dem Titel »Der Satz der Identität« als Festvortrag bei der Jubiläumsfeier der Albert-Ludwigs-Universität Freiburg zum 500jährigen Bestehen am 27. Juni 1957 in der Freiburger Stadthalle gehalten. Der Vortrag wurde im ersten Band der vierbändigen Festschrift der Albert-Ludwigs-Universität auf den Seiten 69-79 veröffentlicht. Im selben Jahr erschien der Vortrag unverändert in dem Band »Identität und Differenz« im Neske-Verlag, Pfullingen. Der zweite, vierte und fünfte Vortrag des Freiburger Vortragszyklus blieben unveröffentlicht.

Wie bei den »Bremer Vorträgen« bilden auch bei den »Freiburger Vorträgen« die Handschrift und von Heidegger selbst durchgesehene Abschriften – mit einer Ausnahme – die Grundlage der hier vorgelegten Texte. Manuskript und Abschriften wurden von der Herausgeberin kollationiert, die handschriftlichen Randbemerkungen als Marginalien in den Drucktext übernommen. Allerdings ist das Manuskript des dritten Vortrags »Der Satz der Identität« verschollen. Textgrundlage der Veröffentlichung dieses Vortrags ist daher die von Heidegger stark überarbeitete maschinenschriftliche Manuskriptabschrift. Zum fünften Vortrag enthält eine zweite maschinenschriftliche Abschrift zahlreiche zusätzliche textliche Einbesserungen von Heideggers Hand, die von der Herausgeberin in den Marginalien mit einem besonderen Zuatz gekennzeichnet wurden.

In allen in diesem Band vorgelegten Texten wurden eigen-

tümliche Schreibweisen Heideggers auch dann beibehalten,
wenn sie gegen einschlägige Rechtschreibregeln verstoßen oder
alternieren. Letzteres trifft insbesondere auf die Schreibweise
von »Sein/Seyn« zu, die nicht – wie in den schon veröffentlichten Texten – auf die Schreibweise »Sein« vereinheitlicht wurde.
Eine Ausnahme bildet lediglich der Terminus »Ge-Stell«, der in
dieser Schreibweise eindeutig überwiegt – in der Absetzung
gegen den landläufigen Begriff des Gestells. Die Zeichenset-
zung wurde geringfügig ergänzt. Die Zitate wurden – soweit
möglich – an den Handexemplaren Heideggers überprüft und
die im Text nur verkürzt vorkommenden bibliographischen
Nachweise in den Fußnoten ergänzt bzw. vervollständigt.

* * *

Die »Bremer Vorträge« entfalten unter dem Titel »Einblick in
das was ist« am Leitfaden der Frage nach dem vollen Wesen des
Dinges und seiner Verwahrlosung im Zeitalter der Technik als
der Herrschaft des »Ge-Stells«, in dem das Seiende nur noch in
der Gestalt des bestellbaren Bestandes erscheint, die wesentli-
che Frage nach dem Grundgeschehen dieser seynsgeschichtli-
chen Konstellation und der in ihr verborgenen Gefahr und ihrer
möglichen Überwindung. Die eigentliche Gefahr liegt nach
Heidegger in der vollständigen Verschüttung des Geschehens
der Unverborgenheit des Seienden, das im epochalen geschichtlichen Wechselspiel von Entbergung und Verbergung, von
Lichtung und Verborgenheit des Seyns im Ereignis seinen Ort
hat.

Die »Freiburger Vorträge« sind als Versuch, das Denken aus
seinen Grundsätzen zu erfahren, das geschichtliche Wagnis,
sich in die weltgeschichtliche Unentschiedenheit des Denkens
einzulassen und in den Streit des Denkens mit dem, von woher
es geheißen wird, das zu denken, was es denkt, und so zu denken, wie es denkt. Dieser Versuch hinterfragt die herkömmlich
so genannten Grundsätze des Denkens – wie die Sätze der Iden-

tität, des Widerspruchs und des Grundes – in eine Überlieferung des Denkens, die uns zu einer anderen Aneignung befreit
und so eine Verwandlung des Denkens ermöglicht, das unser
Zeitalter beherrscht. Er fragt zurück in den Ort der Herkunft
der Denkgesetze, in den keine Wissenschaft hineinreicht, d. h.
in jenen anderen Bereich der Ortschaft der Identität von Denken und Sein und damit in jene andere Identität als Zusammengehören, die als Zueignung von Mensch und Sein im
Ereignis der Lichtung des Seyns west.

* * *

Dem Nachlaßverwalter, Herrn Dr. Hermann Heidegger, danke
ich für das durch die Übertragung der Edition dieses Bandes
bezeugte Vertrauen. Herrn Prof. Dr. Friedrich-Wilhelm von
Herrmann und Herrn Dr. Hartmut Tietjen verdanke ich zahlreiche Anregungen und Hinweise für die textliche und formale
Gestaltung dieses Bandes. Herrn cand. phil. Mark Michalski
und Herrn Dr. Hartmut Tietjen gilt mein Dank für die Unter-
stützung bei der Suche nach den Zitatnachweisen und die
Ergänzung der bibliographischen Angaben. Den Hinweis auf
die Äußerung Cézannes verdanke ich Prof. François Fédier
(Paris). Für ihre Sorgfalt beim Lesen der Korrekturen danke
ich Herrn Peter Krumholz und wiederum Herrn Dr. Hartmut
Tietjen.

Düsseldorf, Mai 1994   Petra Jaeger